世界一美味しい煮卵の作り方

家メシ食堂 ひとりぶん100レシピ

はらぺこグリズリー

光文社新書

How to Make the Most Delicious Seasoned Boiled Egg in the World
by Hungry Grizzly
Kobunsha Co.,Ltd.,Tokyo 2017:02

まえがき

「単身赴任で毎日ご飯は一人」「夫が飲み会で今日は一人でご飯」など、一人暮らしに限らず一人でご飯を食べる機会って意外と多いのではないかと思います。

本書はそんな「一人でご飯を食べる時間」を最高に楽しくて美味しい時間にするための本です。

筆者自身、一人で食べる機会はとても多いのですが、「食べたい料理があったらすぐに作って食べたいだけ食べる」といった具合に気楽に料理を楽しんでいます。

今でこそ一人で食べる時間を楽しんではいますが、最初は非常に苦労しました。

なぜなら世間に出回るレシピのほとんどは2〜4人分の分量で表記されていて、しかも、材料や工程が煩雑なものばかりだったためです。

「これ美味しそう!」なんて思っても材料にコリアンダーなんてあったら料理初心者は

作る気がしませんし、毎回材料を人数分で割るのも大変な作業です。

「値段が高くて手間がかかっていれば美味しくて当たり前だよ」

「もっと適当で楽で安く済んで、でも美味しい料理こそ、本当に必要な料理じゃないだろうか？」

「そんな料理だけをまとめた場所があったらな」

という気持ちがあり、そうして自身で料理ブログを開設するに至りました。

代用食材や市販の調味料を上手に使ったり、調理工程を工夫することでコストパフォーマンスを改善。

材料一つ一つの値段を1円単位で明記することで「どれぐらいの出費で食べられるのか」をイメージできるように。

せっかくの料理へのやる気を削ぐ原因になる「よくわからないクセに高い食材」を全

て排除。食材はスーパー等で購入できるものに限定。
表記や構成も可能な限りシンプルに。料理初心者の最大の敵である「適量」「少々」といった曖昧な表記も一切なし。全部具体的な分量で表記。

そうして、とにかく「100人が作って100人が美味しく再現できるレシピにしたい！」という思いでがむしゃらに運営していった結果、ブログ「はらぺこグリズリーの料理ブログ」は、ありがたいことに大変ご好評をいただき、レシピ本として書籍化させていただく運びとなりました。

本という形で世に出る以上、本当に「使える」料理本を目指してレシピを厳選、改良し、ブログ未公開レシピも盛り込みました。その結果、筆者が料理ブログで学んだノウハウと要素を全て注ぎ込んだと言える渾身の1冊が完成しました。

収録レシピはブログで大きな反響のあった10レシピに加え、おつまみ、おかず、麺類、ごはんもの、お菓子、ブログ未公開の絶品料理まで様々です。

本当に実用的な1冊となることを目指し、

・最速1分以内に完成するおつまみ
・パンの耳を使った0円でできるお菓子
・味と手間と安さのギリギリのバランスを追求したおかず
・電子レンジやオーブントースターをフル活用して効率化、簡略化
・キッチンペーパーに麺つゆを含ませることで、調味料を大幅に節約

など、多くの工夫を盛り込みました。

本書を手に取ることで、一人暮らしの方はもちろん、そうではない方も「一人でご飯を食べる時間」が「待ち遠しいほどに楽しみな時間」になれば幸いです。

まえがき

Chapter 1
どれから作っても旨い！
安い！　楽！　人気レシピ10　13
世界で一番美味しい煮卵の作り方　14
牛角風温玉やっこ　17
タダごとではない旨さのアボカドの食べ方　18
安らぎのミルクセーキ　19
黄金のカルボナーラ　20
至福のチャーシュー丼　22
母の唐揚げ　24
ガーリックチャーハン　26
濃厚！　釜玉うどん　27
絶対に失敗しない生チョコの作り方　28

Chapter 2
最速1分から作れる！
定番おつまみ　31
居酒屋風たたききゅうり　32
にんにく香るあさりの酒蒸し　33
カニカマわさび　34
明太焼きナス　35
やみつき塩キャベツ　36
とろーり豆腐チーズ　37
タコマリネ　38
長芋のわさび醤油がけ　39
ペペロン豆腐　40

Chapter 3
究極のトマトソース　41
世界で一番美味しいトマトソースの作り方　42

Chapter 4
パスタにうどん、ラーメン、バリエーション豊かな麺類 49

世界で一番美味しいパスタの茹で方 50
カルボナーラうどん 52
風邪が一発で治る鍋焼きうどん 53
うどんチーノ 54
たっぷり野菜のかき玉うどん 55
三色冷やしたぬきうどん 56
ローマ風カルボナーラ 57
魚介の旨み濃厚ペスカトーレ 58
懐かしのナポリタン 60
やみつき明太マヨパスタ 61
えびのトマトクリームパスタ 62
ベーコンとほうれん草の和風パスタ 64
地中海風ボンゴレビアンコ 65
100回作ったミートソーススパゲッティ 66
にんにくとごま油が香る和風パスタ 68
焼きそば醤油ラーメン 69
やみつき海鮮塩焼きそば 70

Chapter 5
食卓を賑やかにする！頼れるおかず 71

真鯛のカルパッチョ 72
満腹ジャーマンポテト 73
ホックホクのコロッケ 74
お酒に合うあじのなめろう 76
ガーリックオイルフォンデュ 77
ナスと餃子の皮で作る簡単ラザニア 78
ふんわりラー油ガーリックオムレツ 80
サンマとキャベツのカリカリサラダ 81
キャベツのコールスローサラダ 82
1分でできるトロトロ温泉卵 83

Chapter 6

1品作るだけで1食が完結！ごはんもの 85

ふわとろオムライス 86
ささみの親子丼 88
激ウマえびバターごはん 89
ネギ塩ガーリックチキン丼 90
カレーリゾット風パエリア 91
あと引く辛さ！ 麻婆雑炊 92
アルティメット牛乳リゾット 93
真鯛で作る鯛茶漬け 94
チーズ焼きおにぎり 95
ラー油のピリ辛チャーハン 96
いわしの激ウマ蒲焼き丼 97
クラムチャウダーリゾット 98

Chapter 7

ハンバーグ！ 生姜焼き！作るだけでワクワクする肉料理！ 99

超旨い鶏手羽元のコーラ煮 100
明太子マヨチキン 101
手抜き煮込みハンバーグ 102
照り焼きチキン 104
定食屋の生姜焼き 105
タンドリーチキン 106
ごはんが進む！ レバニラ炒め 107
白菜と豚バラの重ね蒸し 108
野菜たっぷり豚バラ生姜鍋 109
優しいロールキャベツ 110
特製バンバンジー 112

Chapter 8

食パンから広がる無限の可能性！ 115

カニマヨピザトースト 116
カレーツナトースト 117
ドライクロックムッシュ 118
喫茶店の卵サンド 120

Chapter 9

ボリュームたっぷり1品で満腹！ 粉もの 121

激安もやしお好み焼き 122
野菜たっぷりトルティーヤ 123
もちもちトロトロもんじゃ焼き 124
フライパンで作る簡単おやき 126
カレーのお供に！ チャパティ 128

Chapter 10

本格スイーツからお手軽おやつまでバッチリカバー 129

本格絶品ガトーショコラ 130
超簡単ギリシャヨーグルト 132
本気の自家製プリン 133
自家製いちごジャム 134
餃子の皮を使ったおせんべい 136
パンの耳で作れるお手軽ラスク 137
濃厚かぼちゃプリン 138
りんごの甘さが絶妙！ タルトタタン 140
甘さ控えめバナナケーキ 142
ヘルシーキャロットケーキ 144
安らぎのホットバナナミルク 145

Chapter 11

身も心も温まるスープ、汁もの 147
田舎風かぼちゃのポタージュ 148
お腹に優しいオニオングラタンスープ 149
トマトジュースで作るミネストローネ 150
栄養満点の具だくさんポトフ 152
漁師風つみれ汁 153

Chapter 12

全部作っても155円！金欠になった時のお助けレシピ 155
ビッグカツ丼 156
激安芋のみポテトサラダ 157
5分で完成する激ウマ釜玉うどん 158

Chapter 13

旨すぎて封印していたブログ未公開レシピ 159
世界で一番美味しいバターチキンカレーの作り方 160
伝説の卵かけごはん 162
世界で一番簡単なピザの作り方 163

本書の使い方

1. 大さじ、小さじについて

・大さじ１は15mℓです。

・小さじ１は5mℓです。

2. 電子レンジについて

・電子レンジの加熱時間は500Wの場合の目安です。

・600Wなら0.8倍に換算して加熱時間を調節してください。

・機種により多少異なることがあります。

3. 加熱時間について

・家庭用のコンロ、IHヒーター等の機種によって火力、出力が異なる場合があります。

・加熱時間はあくまで目安ですので、火加減を確認しつつ加熱時間を調節してください。

・特に肉を扱う料理では、火の通りを実際に確認してください。

4. 金額について

・各レシピの金額、材料の費用は筆者が買った時点での金額です。

・地域、季節等によって大きく値段が異なる場合もあります。

・あくまで目安として捉えていただければと思います。

5. 分量について

・本書のレシピはバターチキンカレー、お菓子の一部レシピを除き、全て１人分の分量です。

編集協力　乙丸益伸（編集集団 WawW！Publishing）
スタイリング　田中真紀子
デザイン　橋本千鶴
漫画　野島美穂
料理完成写真　相澤琢磨（光文社）
料理工程写真　石田純子（光文社）

Chapter 1

どれから作っても旨い！
安い！　楽！　人気レシピ10

　料理って意外と簡単でなんとかなる楽しいものだと知ってもらえれば、という思いを込めて筆者の知る限りで最強のレシピ10品を載せました。

　全てブログ上で大きな反響をいただいた人気レシピで、テレビでも取り上げていただいた煮卵などを紹介しています。

「味、安さ、手軽さ」を備えた力作揃いなので、まずはここから気になる料理を作っていただき、そして食べてもらえればこんなに嬉しいことはありません。

世界で一番美味しい煮卵の作り方

突然ですが、筆者は**煮卵が大好き**です!!

ラーメン屋ではもちろんのこと、今まで食べに行った味玉トッピングができる全ての店で必ず頼んできたほどです。

1日3食全ての食卓に煮卵が並んだこともありました。

そんな筆者はついに食べるだけでは飽き足らず、好きすぎて自分で完

璧な煮卵を作ってみたくなってしまいました。

最初は固ゆでになってしまったり、味付けが上手にできなかったりで失敗の連続でした。

しかし、筆者の煮卵に対する情熱は冷めることはありませんでした。

そしてついに研究に研究を重ね、試行錯誤の末に

- **完璧な半熟具合**
- **絶妙な味付け**
- **再現度100%**

を誇る**究極の煮卵**のレシピが完成しました。

世界で一番美味しい煮卵の作り方

研究しつくして完成した決定版！
コスパ最強の究極の煮卵がここに！

1
水を沸騰させ、お玉を使い卵3個を入れる。中火で6分茹で、氷水に3分浸ける。

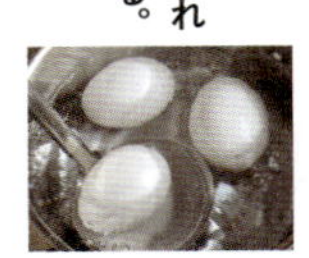

2
流水に当てながら卵の殻を剥き、密閉容器にゆで卵と麺つゆ100㎖を入れる。

3
卵の上にキッチンペーパーを1枚被せ、麺つゆ50㎖をかける。密閉容器に蓋をして冷蔵庫で半日漬け込む。

1人分の材料
卵…3個…54円
麺つゆ（2倍濃縮）…150㎖

牛角風温玉やっこ

トロトロの半熟卵とピリ辛の食べるラー油がマッチしたクセになる美味しさです。

1

器に豆腐1／2丁を入れて電子レンジ（500W）で1分加熱する。

2

別の器に水大さじ1を入れて卵1個を割り入れ、電子レンジ（500W）で30秒ほど加熱したら、大さじで卵を押さえながら器に残った水を捨てる。

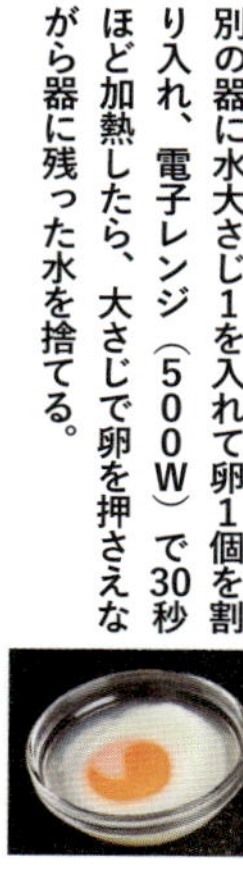

3

卵をのせやすくするため1の豆腐の上部中央をスプーンで一口分すくう。へこんだ部分に食べるラー油小さじ2と2の卵をのせる。

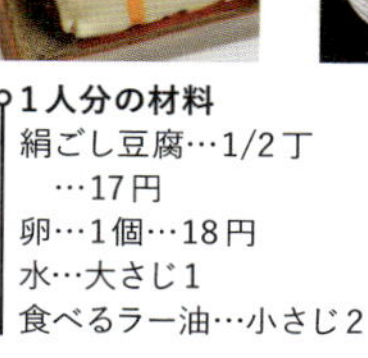

1人分の材料

絹ごし豆腐…1/2丁…17円
卵…1個…18円
水…大さじ1
食べるラー油…小さじ2

タダごとではない旨さのアボカドの食べ方

辛しょっぱくてどんどん食べてしまいます。アボカドとにんにくのハーモニーが最高です。

1

アボカド1個に縦に包丁を入れて1周し、切り口を軸にして両手でアボカドの左右それぞれを逆方向にひねる。スプーンで種をくりぬき、手で丁寧に皮を剥く。

2

アボカドを崩さないように優しく一口大に切ってボウルに入れる。

3

2に、にんにくチューブ1cm、ごま油大さじ1、醤油大さじ1、砂糖大さじ1を加えて混ぜる。

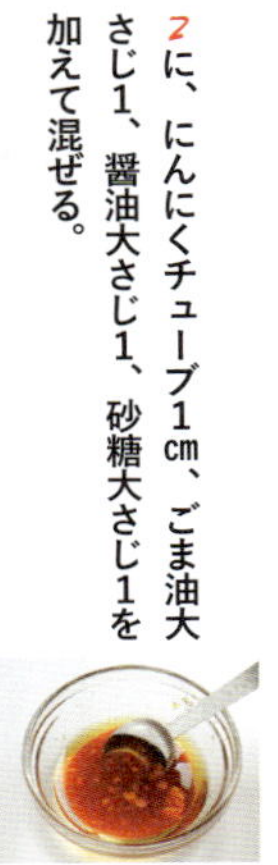

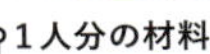

1人分の材料

アボカド…1個…150円
ごま油…大さじ1
醤油…大さじ1
砂糖…大さじ1
にんにくチューブ…1cm

安らぎのミルクセーキ

めちゃくちゃ手軽にほっと一息できます。
体の芯から温まってみては？

1
マグカップに牛乳200㎖、バター10g、砂糖小さじ山盛り2を入れてスプーンで混ぜる。

2
電子レンジ（500W）で3分ほど加熱する。

3
加熱後もう一度スプーンで混ぜる。

1人分の材料
牛乳…200㎖…40円
バター…10g
砂糖…小さじ山盛り2

黄金のカルボナーラ

簡単でありながら作れると一目置かれるので二度美味しいすごいパスタだぞ。

1
にんにく1かけをスライスし、ベーコン20gを一口大の長方形に切る。

2
フライパンにオリーブオイル大さじ1を引いて温め、1のにんにくとベーコンを入れて中火で焦げ目がつくまで1分30秒ほど炒める。

3
牛乳200㎖、顆粒コンソメ小さじ1、粉チーズ大さじ2を加えて、中火で小さな泡が出る状態になるまで2分30秒ほど煮詰める。

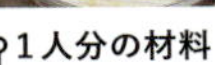

1人分の材料

パスタ…100g…18円
牛乳…200㎖…40円
ベーコン…20g…40円
にんにく…1かけ…40円
卵…1個…18円
オリーブオイル…大さじ1
黒こしょう…1～2ふり
顆粒コンソメ…小さじ1
粉チーズ…大さじ2

4

50ページを参考にパスタ100gを茹で、ザルに上げて水を切る。

5

4のパスタを3に加えてトングで和える。

6

器に5を盛りつけ、卵からスプーンで黄身だけをすくってパスタの中央にのせ、黒こしょう1〜2ふりをかける。

カルボナーラにはリングイネ、これだけは譲れない。

ワンポイント！

パスタはリングイネという種類を使うともっちり食感でソースの旨みが引き立つ。

至福のチャーシュー丼

米！ 肉！ タレ！ 絶対に後悔させない、ボリュームと味と安さを全て兼ね備えた料理だ！

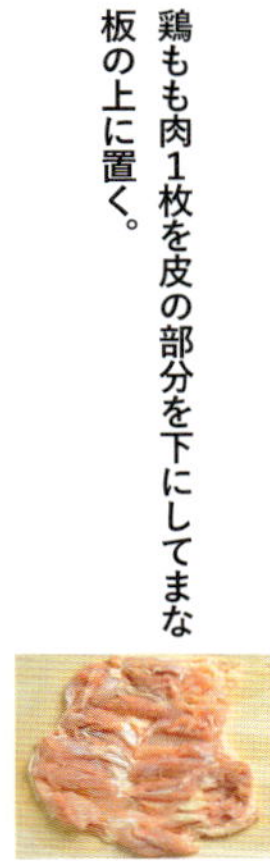

1

鶏もも肉1枚を皮の部分を下にしてまな板の上に置く。

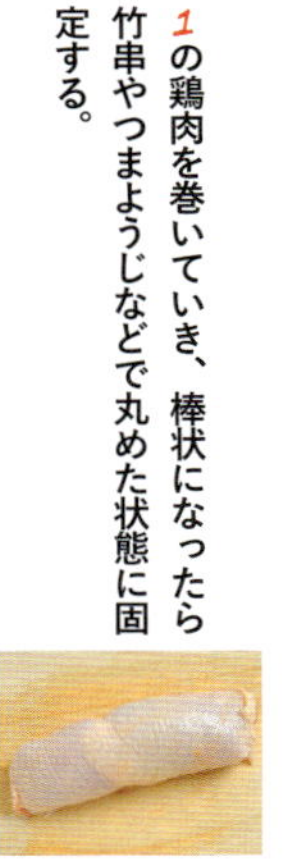

2

1の鶏肉を巻いていき、棒状になったら竹串やつまようじなどで丸めた状態に固定する。

3

生姜1／3個をスライスし、長ネギの青い部分を4㎝程度に切る。鍋に2の鶏肉、切った長ネギ、スライスした生姜、醤油100㎖、水100㎖、酒大さじ2、みりん大さじ1を入れる。

1人分の材料

- 鶏もも肉…1枚…220円
- ごはん…150g…50円
- 生姜…1/3個…10円
- 長ネギの青い部分…約4㎝…14円
- 醤油…100㎖
- 水…100㎖
- 酒…大さじ2
- みりん…大さじ1
- 刻み海苔…お好みの量
- 16ページの煮卵…1個
- 16ページの煮卵の汁…大さじ2

4

3を強火で2分煮詰め、弱火にして30分ひっくり返しながらまんべんなく煮絡めたら、竹串などを外し、2㎝ほどの厚さの輪切りにする。作り置きしている煮卵（16ページ参照）1個を半分に切る。

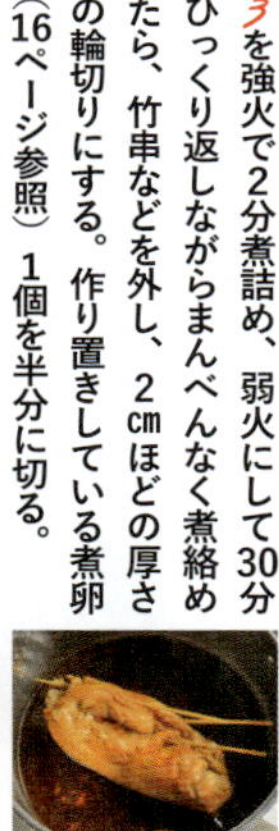

5

4でチャーシューを取り出した鍋に、煮卵を作る過程でできた汁大さじ2を加え、中火で2分ほど煮詰める。

6

5のタレをごはん150gにかけ、4のチャーシューと煮卵、お好みで刻み海苔をのせる。

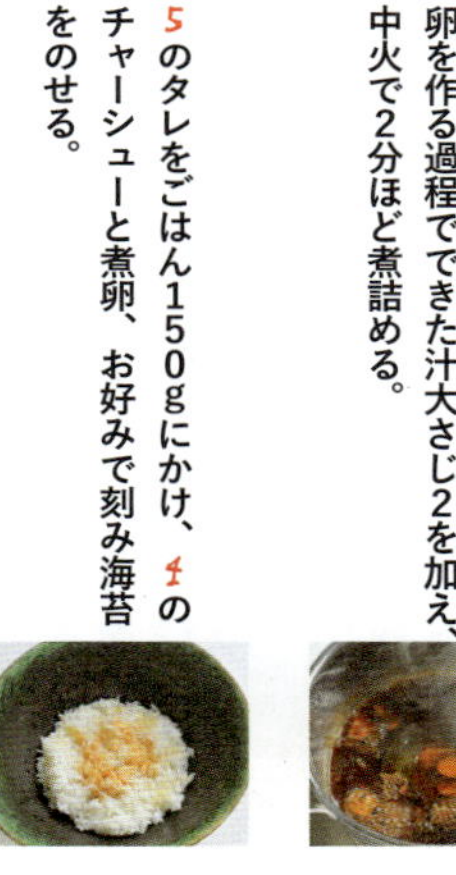

肉の美味しさと臭みはまた別の問題。
ワンポイント！
長ネギの青い部分を入れることで肉の臭みが取り除かれる。

母の唐揚げ

シンプルイズベスト。唐揚げそのものが美味しいから自分で作ればもっと旨い！　目指せ、おふくろの味。

1

ボウルにカット鶏もも肉200g、生姜チューブ大さじ1、醤油大さじ2、酒大さじ1を入れて混ぜ、ラップをして冷蔵庫で30分漬け込む。

2

ポリ袋に1の漬け込んだ肉、片栗粉大さじ2を入れて揉み込む。

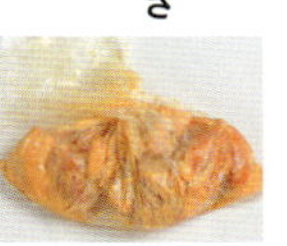

3

揚げ物用鍋に油を底から5㎝程度まで入れて中火にかけ、落とした片栗粉が上がってくる程度の温度（180度）になったら2を入れる。

1人分の材料

カット鶏もも肉…200g
…160円
片栗粉…大さじ2
生姜チューブ…大さじ1
酒…大さじ1
醤油…大さじ2
サラダ油…揚げ物用鍋の底から5㎝ほどの量

4
鶏肉をひっくり返しながら5分揚げる。

5
鶏肉を一旦油から取り出し、キッチンペーパーの上で2分休ませる。

6
鶏肉を再び火が通るまで2分ほど揚げ、キッチンペーパーの上で軽く油を切る。

この試練を乗り越えて唐揚げは美味しくなる。
油ハネ…
ワンポイント！
二度揚げをすることでカラッとジューシーに仕上がる。

ガーリックチャーハン

にんにくはもっと注目されるべきなんです！
食べたらわかるその美味しさ。

1

にんにく1かけをスライスし、卵1個を溶く。フライパンにごま油大さじ2を入れて加熱し、スライスしたにんにくを入れて強火で焦げ目がつくまで40秒ほど炒める。

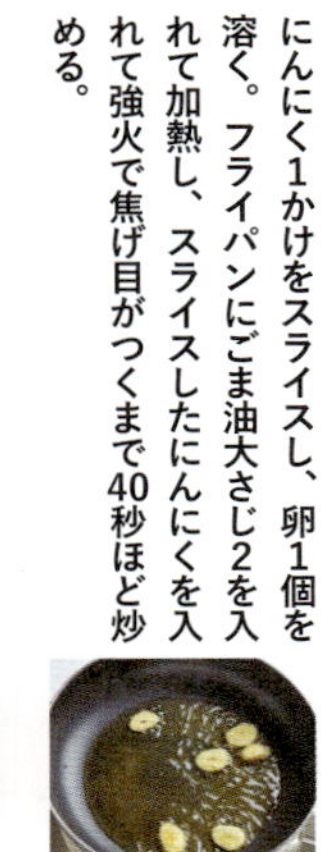

2

火力を上げ、溶き卵、ごはん200gの順に入れる。全速力でお玉を使ってごはんを軽く潰すように炒める。

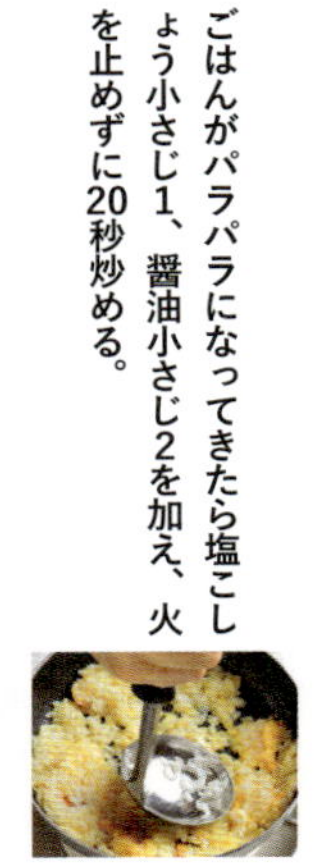

3

ごはんがパラパラになってきたら塩こしょう小さじ1、醤油小さじ2を加え、火を止めずに20秒炒める。

1人分の材料

ごはん…200g…66円
にんにく…1かけ…40円
卵…1個…18円
ごま油…大さじ2
塩こしょう…小さじ1
醤油…小さじ2

濃厚！　釜玉うどん

卵とラー油でうどんがモリモリ進む！
その上麺は電子レンジで解凍するから楽ラク！

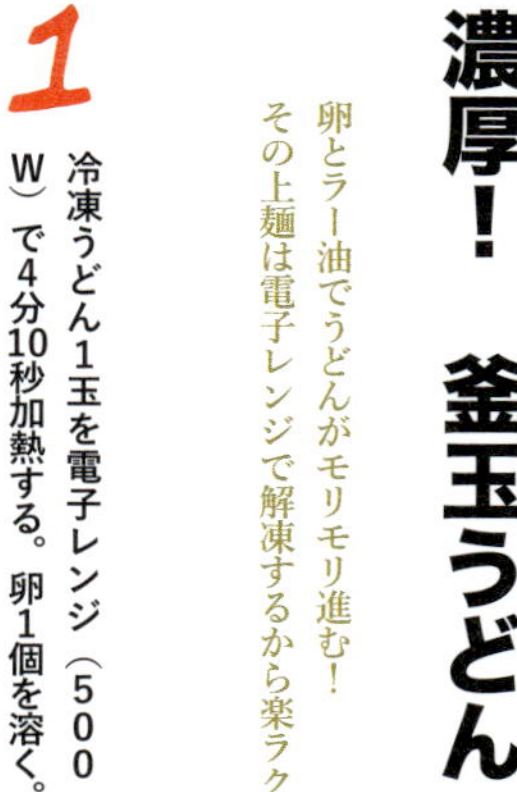

1 冷凍うどん1玉を電子レンジ（500W）で4分10秒加熱する。卵1個を溶く。

2 器に1のうどんを入れる。

3 2に1の溶き卵、食べるラー油大さじ1、麺つゆ大さじ1を加えて和える。

1人分の材料
冷凍うどん…1玉…40円
卵…1個…18円
食べるラー油…大さじ1
麺つゆ…大さじ1

絶対に失敗しない生チョコの作り方

簡単なのに美味しい生チョコ。
一人じめ、誰かにプレゼント、どっちも美味しい。

1
鍋に生クリーム65㎖を入れ、弱火で少し泡立つまで1分30秒ほど加熱する。

2
少し泡立ってきたら火を止める。

3
2に割ったチョコレート130gを加えて火を止めたまま菜箸で混ぜる。

1人分の材料
ブラックチョコレート
…130g…286円
生クリーム…65㎖
…62円
ココアの粉…お好みの量

4

チョコレートが溶けたらラップを敷いた容器に流し込み、蓋をして冷蔵庫に半日置く。

5

包丁を熱湯に浸し、キッチンペーパーで水気をふき取ったら、チョコを好きな形に切る。

6

ココアの粉をスプーンでお好みの量かける。

この一杯が最高に美味しいんだよなあ。
ワンポイント！
チョコのこびりついた鍋に牛乳200mlを入れて混ぜながら温めるとホットチョコレートになる。

はらぺこグリズリーの料理の裏技!!

「玉ねぎやにんじんは炒める前に3〜5分程度温めておくと炒める時間を大幅に節約できる」

フライパンで玉ねぎやにんじんを温めるとなるとそれなりの時間がかかります。最終的には食材に火が通っていて、美味しく食べることができれば問題はありません。そこで電子レンジを使って炒める前、煮る前などにあらかじめ温めておくことで大幅に時間を短縮することができます。

火を使って温めると目を離すことができませんし、どんなに気をつけても焦がしてしまったりすることもあるでしょう。電子レンジで温めればそういった問題をスルーすることもできるので、この本では電子レンジを使える場面ではできるだけ使って楽に、早く、確実に料理ができるようにしています。

Chapter 2

最速1分から作れる！
定番おつまみ

料理をあまりしたことのない人にとって「おつまみ」というと難しそうと思われがちです。

ですが実際はその逆。おつまみこそ初心者向けの料理だということを知ってもらいたい。

ここでは包丁も火も使わずに1分以内に完成してしまう超時短おつまみから、凝っているようで実は全然大変じゃない、でも美味しい、そんなおつまみを紹介しています。

居酒屋風たたききゅうり

なんの技術もいらないのに
とてつもなくそれっぽい仕上がりっぷり！

1

きゅうり1本の両端を切り落とし、5等分に切り分ける。

2

包丁の腹の部分（横の面）を上から押し当ててきゅうりを潰し、割る。

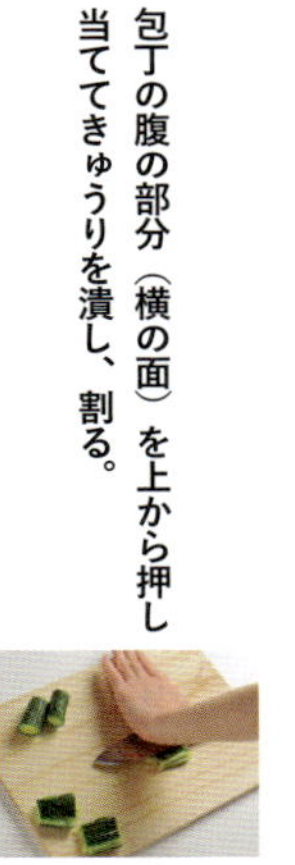

3

ボウルにきゅうり、食べるラー油大さじ1、だしの素小さじ1を入れて和える。

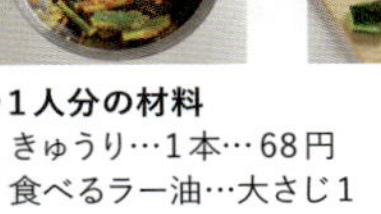

1人分の材料

きゅうり…1本…68円
食べるラー油…大さじ1
だしの素…小さじ1

にんにく香るあさりの酒蒸し

お手軽材料と簡単調理で本格おつまみ。今晩はこれで一杯いかがですか？

1

にんにく1かけをスライスする。

2

フライパンに1とオリーブオイル大さじ1を入れ、中火で焦げ目がつくまで2分ほど木べらで炒める。

3

2にあさり100gと酒150㎖を加えて蓋をしたら強火で2分30秒ほど蒸し、殻が開くのを待つ。

1人分の材料

砂抜き済みのあさり
…100g…100円
にんにく…1かけ…40円
酒…150㎖
オリーブオイル…大さじ1

カニカマわさび

本書最速完成レコード候補レシピ！
温めない、切らない、混ぜるだけ！

1

ボウルにカニカマ4本を手で縦に4等分くらいに裂きながら入れる。

2

1にマヨネーズ小さじ1を加えてそのまま小さじで混ぜる。

3

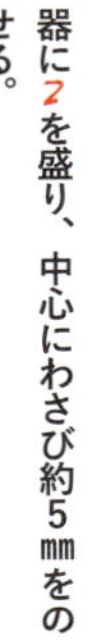

器に2を盛り、中心にわさび約5㎜をのせる。

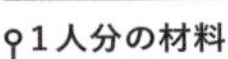

1人分の材料

カニカマ…4本…32円
マヨネーズ…小さじ1
わさびチューブ…約5㎜

明太焼きナス

ジュワッと美味しいナスの上に
ピリ辛の明太マヨを塗ってこんがり旨い！

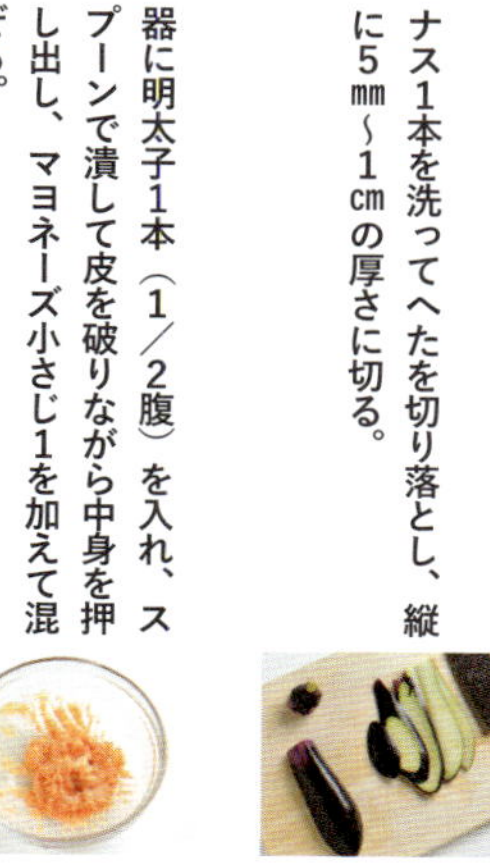

1
ナス1本を洗ってへたを切り落とし、縦に5㎜～1㎝の厚さに切る。

2
器に明太子1本（1／2腹）を入れ、スプーンで潰して皮を破りながら中身を押し出し、マヨネーズ小さじ1を加えて混ぜる。

3
ナスの片面に2を塗り、アルミホイルを敷いたオーブントースターで8分ほど焼く。

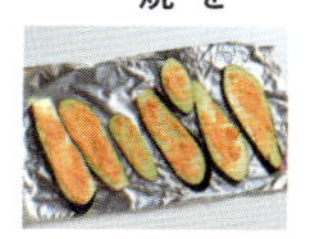

1人分の材料
ナス…1本…30円
明太子…1本（1/2腹）…76円
マヨネーズ…小さじ1

やみつき塩キャベツ

ちぎってタレをかけるだけ！ 混ぜる必要もナシ！
タレが旨けりゃ何でも旨い！

1 キャベツの葉4～5枚を手で一口大にちぎる。

2 器にちぎったキャベツを盛る。

3 牛角旨塩だれ、すりごまをかける。

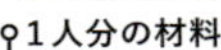

1人分の材料

キャベツの葉…4～5枚
…24円
牛角旨塩だれ
…お好みの量
すりごま…お好みの量

とろーり豆腐チーズ

アツアツ豆腐ととろーりチーズでさっぱりこってり！お酒のお供にぜひどうぞ！

1 耐熱の器に豆腐1／2丁をのせ、上にとろけるスライスチーズ1枚をのせる。

2 電子レンジ（500W）で2分ほど加熱する。

3 醤油大さじ1、黒こしょう1～2ふりをかける。

1人分の材料

絹ごし豆腐…1/2丁…17円
ピザ用スライスチーズ…1枚…27円
黒こしょう…1～2ふり
醤油…大さじ1

タコマリネ

さっぱり味付けでタコとトマトを頂こう。
ワインやカクテルにも合うオシャレさ。

1 ミニトマト5個を半分に切る。

2 刺身用タコ100gを食べやすい大きさに切る。

3 1と2を合わせ、オリーブオイル小さじ2、塩1つまみ、醤油小さじ1、酢小さじ1を加えて菜箸で和える。

1人分の材料

刺身用タコ…100g
…150円
ミニトマト…5個…75円
オリーブオイル…小さじ2
塩…1つまみ
醤油…小さじ1
酢…小さじ1

長芋のわさび醤油がけ

ひんやりシャキシャキの長芋に醤油とわさびだけ。
シンプルながら光る美味しさ。

1
長芋80gを軽くすすぎ、流水に当てながらピーラーで皮を剥く。

2
長芋を単4乾電池ほどの大きさに切り揃えて器に盛る。

3
2に醤油小さじ2を垂らし、中心にわさび約5㎜をのせる。

1人分の材料
長芋…80g…43円
醤油…小さじ2
わさびチューブ…約5㎜

ペペロン豆腐

スパイシー&ヘルシーなペペロンチーノ風味のお豆腐です。
塩気がお酒に合う!

1

木綿豆腐1/2丁を一口大に切る。

2

鷹の爪1本を1㎜ほどの厚さの輪切りにし、種を捨てる。にんにく1かけをスライスする。

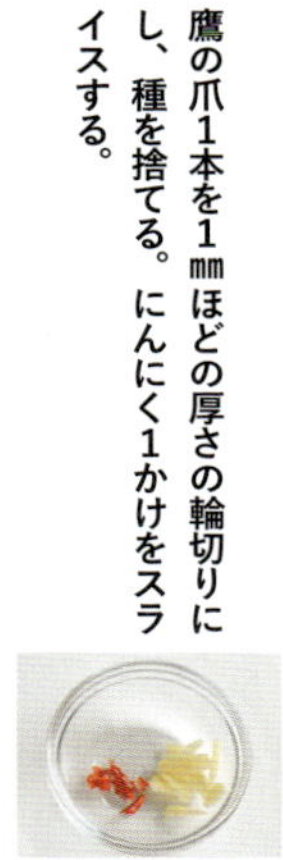

3

フライパンにオリーブオイル大さじ2を引いて1の豆腐、2の鷹の爪とにんにく、塩こしょう1つまみ、醤油小さじ1を入れて木べらで軽く混ぜながら、中火で豆腐に焦げ目がつくまで3分ほど炒める。

1人分の材料

木綿豆腐…1/2丁…16円
にんにく…1かけ…40円
鷹の爪…1本…33円
オリーブオイル…大さじ2
塩こしょう…1つまみ
醤油…小さじ1

Chapter 3

究極のトマトソース

本書では合計 100 品の料理を紹介していますが、その中でこの章だけは少し特殊です。

というのも本書で唯一の「ソース」のレシピだからです。料理ではないためそのまま食べるものではありません（美味しいですが）。

しかし、このトマトソースの汎用性はこれ以外の全てを上回ると断言できます。パスタ、ピザ、スープ、ドリア、グラタンなど、トマト味の合う料理であればその全てに使うことができ、美味しさをグッと引き上げます。

世界で一番美味しいトマトソースの作り方

筆者が渾身の力で研究しつくしたトマトソースを紹介させて下さい。

まずトマトソース最大のポイントは異常なまでの**汎用性の高さ**です。

トマトソースはそれ自体で味付けになるだけでなく**ミートソース、デミグラスソース、ピザのソースの材料として混ぜたり、ケチャップの代わりにハンバーグやホットドッグにかけたり、ペスカトーレ、ボンゴレロッソ、ミネストローネ、ドリア、ラザニア、グラタン**などたくさんの用途で使えます。

「もしすごく美味しいトマトソースを作ることができれば、トマトソースを使った全ての料理がすごく美味しくなるじゃないか！」

そのことに気づいてから16ページの煮卵のように試行錯誤を重ねました。

ホールトマトに入れる玉ねぎの量、にんにくの切り方、調味料の分量など、美味しくできるかもしれないあらゆる可能性を試したのです。

【秘訣1】絶妙な甘さを出す玉ねぎの黄金比

美味しいトマトソースを作るためには、玉ねぎの甘みを上手に引き出せるかが鍵でした。

一番美味しく甘みを引き出せる分量を探るため、玉ねぎの分量を何度も調整しました。

最初玉ねぎは入れれば入れるほど甘みが増してウマい、と思い2個使ってトマトソースを作ってみましたが甘みが強すぎてしまい、甘みが嫌みになってしまいました。

2個ではだめ……少し減らして1個半……次は1個……7／8個……。

そんな試行錯誤の末に1缶分のカットトマトと玉ねぎの黄金比は

トマト缶1缶（400g）
玉ねぎ約1／4個（39g）

だと突き止めることができたのです。

【秘訣2】コクを出すには粉チーズ

トマトと玉ねぎのバランスがとれた状態で既にある程度の美味しさがありましたが、何かが足りないという違和感がありました。

何が足りていないのかを明らかにするためには何度も味見をするしかなく、わかったのは**コク**が決定的に欠けている、ということでした。

今度はコクを出すため様々な調味料、食材を加えることを繰り返しました。

牛乳、バター、ケチャップ、ウスターソース、牛脂……。

ある程度のコクを出せても違和感がある以上は未完成、と試行錯誤を続けていった結果、**粉チーズ**を入れることで玉ねぎとトマトだけでは出し切れないコクを出すことができたのです。

そしてついにトマトソースは完成を迎えました。

執念のトマトソースのレシピをご覧ください。

世界で一番美味しいトマトソースの作り方

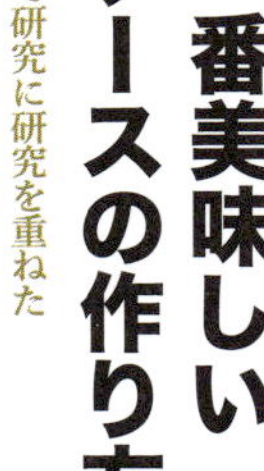

完成に至るまで研究に研究を重ねた完全版トマトソースのレシピ。

1

玉ねぎ1／4個、にんにく1かけをみじん切りにする。

2

フライパンにオリーブオイル大さじ3、にんにくを入れて弱火で15分炒める。

3

2に玉ねぎを加えてとろ火で15分炒める。

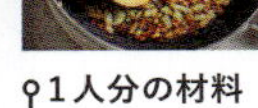

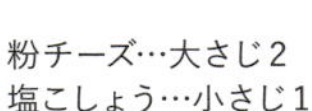

1人分の材料

カットトマト缶
　…1缶（400g）…100円
にんにく…1かけ…40円
玉ねぎ…1／4個…6円
オリーブオイル…大さじ3
粉チーズ…大さじ2
塩こしょう…小さじ1

4

カットトマト1缶分と粉チーズ大さじ1を加えて中火でソースのかさが3／4ぐらいになるまで4分ほど煮詰める。

5

火を止め、そのまま20分おく。

6

粉チーズ大さじ1、塩こしょう小さじ1を加えて味をととのえる。

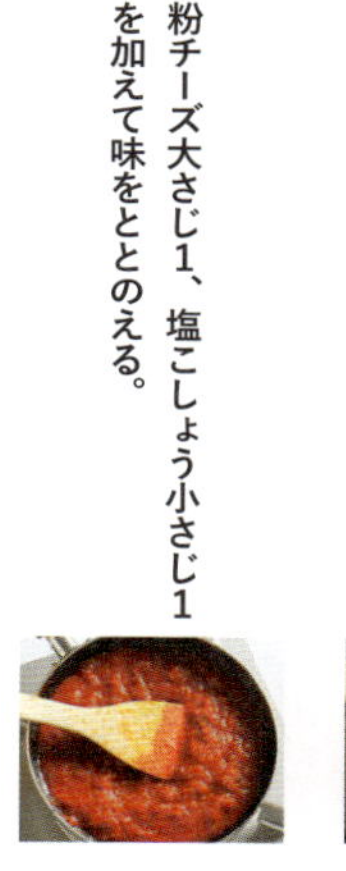

ソースは何に使おうか？
パスタのソース、スープ……。
ワンポイント！
粉チーズを入れることで、トマトソースの味に深みが出る。

トマトソースパワー事件

実はですね……まず筆者はいいことがあると**軽く10日はゴキゲンで過ごせちゃうような人間**です。で、その期間はたいていテンションが高くなり、掃除や洗濯をガンガンしたりしています。このトマトソース作りは例の煮卵並みに苦労してやっと作ることができたので、当然完成した時はまさに**狂喜乱舞**といったところでした。

そして謎のテンションに身を任せて、あることを実行に移したのです。それはトマトソースにちなんで、「**トマトを主人公にしたアプリを作る**」、という一見無謀で正気かどうかを疑われてもおかしくない発想でした。ともあれこの**トマトソースパワーに突き動かされるままにアプリは完成しました。**主人公はその名も「**トマ犬さん！**」（とまいぬさんと読みます）。一応トマトの妖精らしいです。

トマ犬さん！
激ムズ横スクロール
死にゲー

制作：はらぺこグリズリー
価格：無料

トマ犬さんの
癒し系キッチン
タイマー

制作：はらぺこグリズリー
価格：無料

そんなトマ犬さんが主人公のアプリが2つほどございます。

1つ目は「トマ犬さん！　激ムズ横スクロール死にゲー」

実写のバナナや、フライパン、七味唐辛子の上をトマ犬さんが進んでいきます。顔に似合わずすごく難しいランゲームです。進んだ距離によって変わる**エンディングは10種類以上！**　全部見るとトマ犬度100％になりますが、難しすぎて、筆者以外にたぶん100％に達する方はいらっしゃらないと思います。できた方は**ぜひご連絡ください。**

2つ目は「トマ犬さんの癒し系キッチンタイマー」

こちらは機能としては**シンプルなキッチンタイマー**です。必要ないかと思いますが、バッテリーが持てば一応**99時間**（**約4日**）まで計れます。

これで一応トマトソースの一件は終わりでございます。

Chapter 4

パスタにうどん、ラーメン、バリエーション豊かな麺類

一人暮らしの最強の味方とも言える食材、それが麺類だと思います。まず安さ。業務用スーパーならパスタ 5kg 1000 円以下ということもザラなくらい安い！　さらに手軽さ。麺類は 1 人分でも調整して茹でたりすることができるので非常に使いやすい！　しかも美味しい！

麺類の最大の強みはアレンジの幅が尋常じゃないくらい広いところにあります。

そんなパスタ、うどん、中華麺のポテンシャルをフルに生かした 16 品がここにあります。

世界で一番美味しい
パスタの茹で方

1. 水に1時間浸けること！

パスタを水に1時間浸けることでもちもち食感の生パスタのようになります。

さらに水に浸けたパスタは茹で時間がたった1～2分という驚異的な速さで茹で上がるので時短にもなる上、ガス代の節約にもなります！

2. 茹でる時は水2ℓ、塩35gにすること！

パスタ100gに対し、この比率にすることでパスタが絶妙な塩加減になり、もっちりしたコシのある茹で具合になります。

3. パスタはソースが完成した後に茹でること！

パスタを茹でるのと、ソースを作るのを同時にやってしまうと、パスタが先に茹で上がってしまった場合伸びてしまいます。失敗せずに確実に美味しく作るには、ソースが完成してからパスタを茹でるようにしましょう。

カルボナーラうどん

カルボナーラの濃厚さ！　うどんののどごし！
本当に美味しいのでお試しあれ。

1

冷凍うどん1玉を電子レンジ（500W）で4分10秒加熱する。

2

熱する前のフライパンに牛乳150㎖と粉チーズ大さじ1、顆粒コンソメ小さじ1を入れて中火で40秒煮、沸騰したら火を止める。うどんを加えて弱火にして和える。

3

器に2を盛り、中央に卵黄1個分をのせ、塩こしょう1～2ふりをかける（卵を茶碗に割り入れ、スプーンで黄身をすくうとやりやすい）。

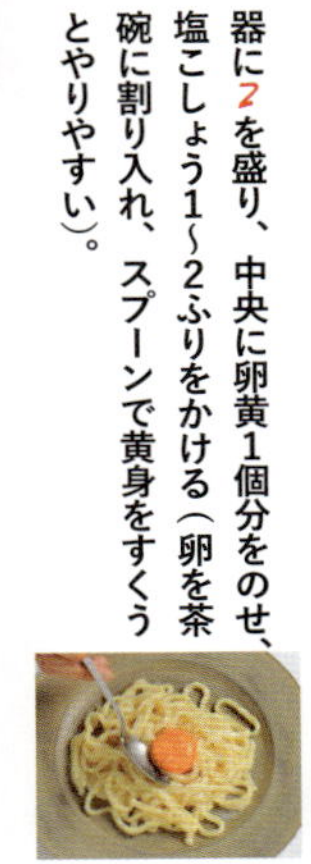

1人分の材料

冷凍うどん…1玉…40円
牛乳…150㎖…30円
卵…1個…18円
顆粒コンソメ…小さじ1
粉チーズ…大さじ1
塩こしょう…1～2ふり

風邪が一発で治る鍋焼きうどん

アツアツのうちに食べたい鍋焼きうどん。たっぷりの野菜と一緒に温まってください。

1

白菜1枚を一口大に切って鍋に入れ、水300㎖と麺つゆ100㎖を加えて中火で4分ほど煮詰める。煮詰めたら冷凍うどん1玉と生姜チューブ小さじ1を加える。

2

1をさらに1分30秒ほど煮詰めたら、弱火にして卵を割り入れ、蓋をする。

3

卵がお好みの固まり具合になるまで時々中を覗きながら弱火のまま待つ（目安は1分～1分30秒）。

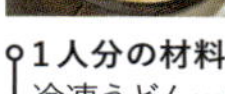

1人分の材料

- 冷凍うどん…1玉…40円
- 卵…1個…18円
- 白菜の葉…1枚…6円
- 水…300㎖
- 麺つゆ（2倍濃縮）…100㎖
- 生姜チューブ…小さじ1

うどんチーノ

食感は焼きうどん！　味はペペロンチーノ！
そしてカリカリのにんにくが旨い！

1
冷凍うどん1玉を電子レンジ（500W）で4分10秒加熱し、その間ににんにく2かけをスライスする。

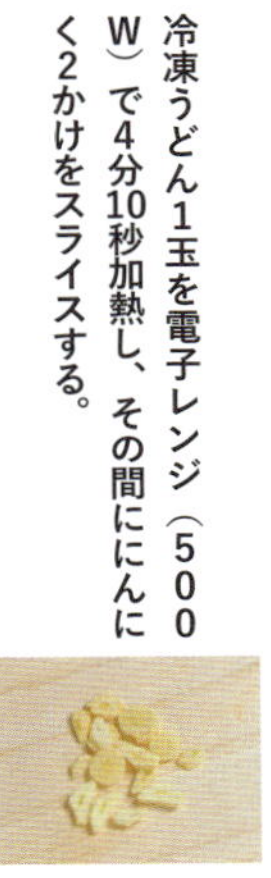

2
熱する前のフライパンにスライスしたにんにくとオリーブオイル大さじ2を入れ、中火で焦げ目がつくまで1分30秒ほど炒める。

3
弱火にして、1のうどん、塩こしょう1〜2ふりをフライパンに加えて和える。

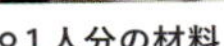

1人分の材料
冷凍うどん…1玉…40円
にんにく…2かけ…80円
オリーブオイル…大さじ2
塩こしょう…1〜2ふり

たっぷり野菜のかき玉うどん

アツアツのうどんに優しくとろける溶き卵。
野菜も入って栄養バランスもバッチリ。

1

玉ねぎ1／2個をスライスし、にんじん1／2本をいちょう切りにし、卵1個を溶く。

2

鍋に水300㎖、切った玉ねぎ、にんじんを入れて中火で3分30秒煮る。その間に水大さじ2と片栗粉大さじ2をダマがなくなるまで別の器で混ぜる（写真）。

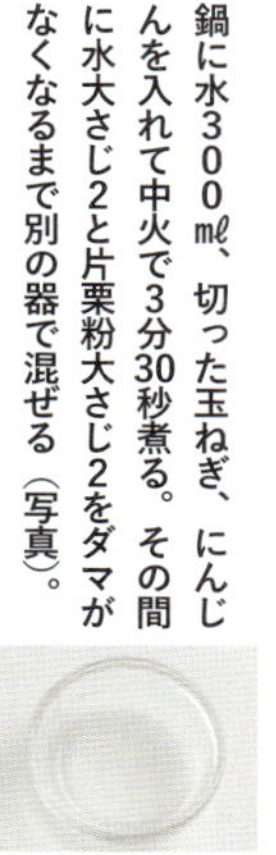

3

2の鍋に冷凍うどんと麺つゆ100㎖を加えて、さらに1分30秒ほど中火のまま煮詰める。その後、水溶き片栗粉を加え軽く混ぜ、最後に溶き卵を鍋に回し入れて軽く混ぜる。

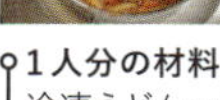

1人分の材料

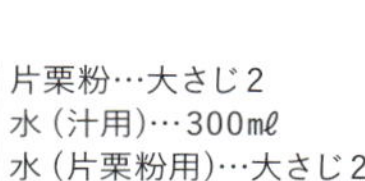

冷凍うどん…1玉…40円
卵…1個…18円
にんじん…1/2本…12円
玉ねぎ…1/2個…12円
麺つゆ（2倍濃縮）…100㎖
片栗粉…大さじ2
水（汁用）…300㎖
水（片栗粉用）…大さじ2

三色冷やしたぬきうどん

麺つゆと酢と水だけなのに旨すぎる！
シンプルな3種の具と一緒にチュルッとどうぞ。

1

冷凍うどん1玉を電子レンジ（500W）で4分10秒加熱する。その間にきゅうり約5㎝を千切りにする。

2

1のうどんをザルに入れ、冷水にさらして締め、器に盛る。

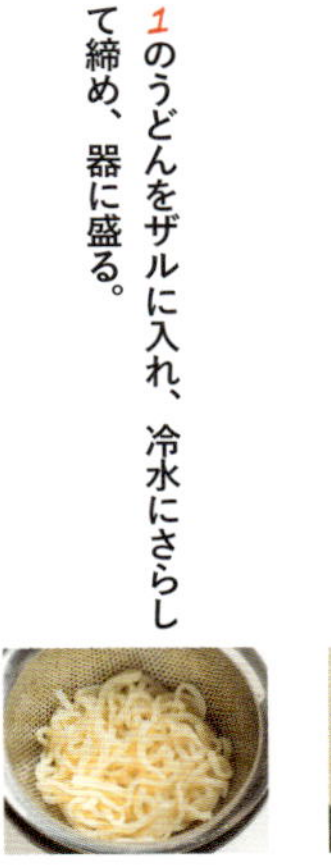

3

2に揚げ玉10g、しらす10g、切ったきゅうりをのせる。別の器に麺つゆ大さじ3、酢大さじ1、水大さじ2を入れて混ぜ、全体にかける。

1人分の材料

冷凍うどん…1玉…40円
きゅうり…約5㎝…18円
揚げ玉…10g…19円
しらす…10g…30円
水…大さじ2
麺つゆ（2倍濃縮）…大さじ3
酢…大さじ1

ローマ風カルボナーラ

卵黄、コンソメ、黒こしょうでカルボナーラは完成するッ！「ローマ風」は伊達じゃない。

1

ベーコン20gを一口大の長方形に切る。

2

フライパンにオリーブオイル大さじ2、切ったベーコンを入れて中火で焦げ目がつくまで1分30秒ほど炒め、火を止める。パスタ100gを茹でる。

3

火を止めた2のフライパンに湯切りしたパスタ、卵黄1個分、顆粒コンソメ小さじ1を加えて素早く混ぜ合わせる。皿に盛りつけ、黒こしょう1〜2ふりをかける。

1人分の材料

パスタ…100g…18円
卵…1個…18円
ベーコン…20g…40円
黒こしょう…1〜2ふり
顆粒コンソメ…小さじ1
オリーブオイル…大さじ2

魚介の旨み濃厚ペスカトーレ

魚介とトマト、そしてにんにく。研究に研究を重ねた一押しのパスタです。

1

にんにく1かけと玉ねぎ1／2個をみじん切りにする。

2

熱する前のフライパンにオリーブオイル大さじ1を引いて、1のにんにくと玉ねぎを入れ、中火で焦げ目がつくまで2分ほど炒める。

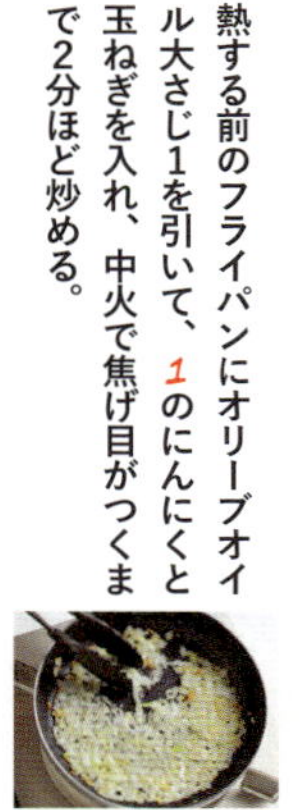

3

2にあさり100gと酒150㎖を加えて蓋をし、強火で2分蒸す。

1人分の材料

パスタ…100g…18円
カットトマト缶
…1/2缶（200g）…50円
砂抜き済みのあさり
…100g…100円
むきえび…80g…145円
にんにく…1かけ…40円
玉ねぎ…1/2個…12円
オリーブオイル…大さじ1
顆粒コンソメ…小さじ1
塩こしょう…小さじ1
酒…150㎖

4

あさりの殻が開くまでの間にカットトマト缶を開け、缶にトングを入れてトマトを潰す。

5

あさりの殻が開いたらカットトマト1／2缶分とむきえび80g、顆粒コンソメ小さじ1、塩こしょう小さじ1を加え、中火で4分煮詰める。

6

煮詰めている間にパスタ100gを茹で、ザルで湯切りをしたら5のフライパンに加えて火を止めた状態で和える。

魚介類は酒で蒸しておけば何でも美味しくなる。
ワンポイント！
魚介類を酒で蒸すことで旨みが凝縮されて美味しくなる。

懐かしのナポリタン

ケチャップ、ピーマン、ウィンナーが奏でるどこか懐かしく優しい味。

1 ピーマン1個を細切り、ウィンナー2本を輪切りにする。

2 フライパンにサラダ油大さじ1を引いたら1を入れて中火で焦げ目がつくまで1分30秒ほど炒め、火を止める。

3 パスタ100gを茹でてザルで湯切りしたら2に加える。ケチャップ大さじ2、顆粒コンソメ小さじ1を加えて中火で1分炒める。

1人分の材料

パスタ…100g…18円
ウィンナー…2本…14円
ピーマン…1個…32円
サラダ油…大さじ1
ケチャップ…大さじ2
顆粒コンソメ…小さじ1

やみつき明太マヨパスタ

明太子をまるまる使うことで得られる満足感と美味しさを確かめてください。

1
明太子1本（1／2腹）をスプーンで潰して皮を破り、ボウルに中身を押し出す。マヨネーズ大さじ1を加えて混ぜる。

2
パスタ100gを茹で、ザルに上げて湯切りする。

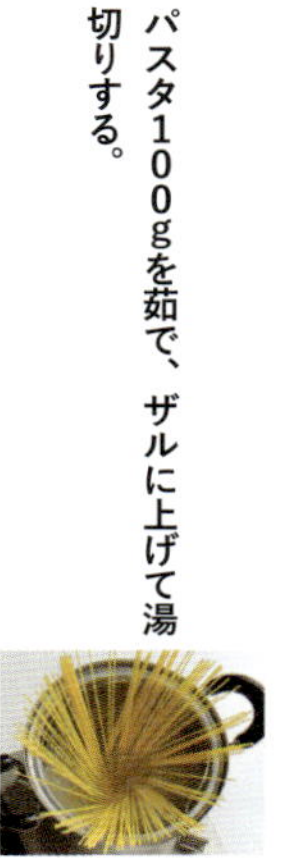

3
ボウルに2を入れ、1の明太マヨを加えて和える。

1人分の材料
パスタ…100g…18円
明太子…1本（1/2腹）…76円
マヨネーズ…大さじ1

えびのトマトクリームパスタ

優しいパスタなら本書でこのレシピが一番。ほっとする丁寧な美味しさです。

1

トマト2個のヘタの反対側に十字形の切り目を入れ、熱湯に30秒浸ける。トマトの皮が剥けてきたら冷水で冷やし、手で皮を剥く。

2

皮を剥いたトマトを原型がなくなるくらいに刻む。にんにく1かけと玉ねぎ1個をみじん切りにする。

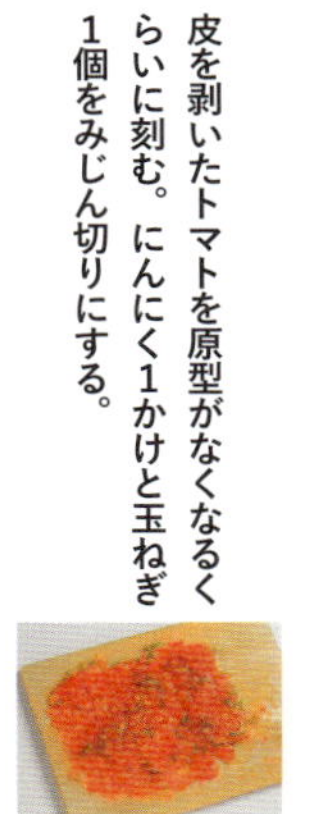

3

熱する前のフライパンにオリーブオイル大さじ1を引き、切ったにんにくと玉ねぎを入れて中火で焦げ目がつくまで2分ほど炒める。

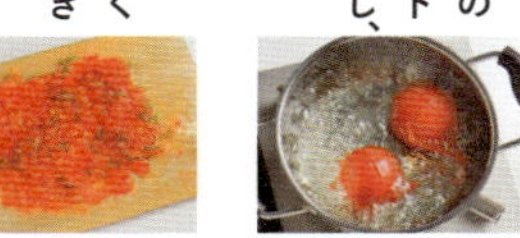

1人分の材料

パスタ…100g…18円
むきえび…40g…73円
牛乳…100㎖…20円
にんにく…1かけ…40円
玉ねぎ…1個…12円
トマト…2個…130円
オリーブオイル…大さじ1
顆粒コンソメ…小さじ1
塩こしょう…小さじ1
酒…150㎖
ケチャップ…大さじ1

4

3にむきえび40g、酒150㎖と刻んだトマトを加えて、蓋をして強火で2分煮る。

5

4に牛乳100㎖と顆粒コンソメ小さじ1、ケチャップ大さじ1、塩こしょう小さじ1を加え、中火でえびに火が通るまで2分ほど煮詰める。

6

パスタ100gを茹でてザルに上げ、湯切りして5のソースと和える。

ほんのり甘みがほしい時には
けっこうケチャップに
頼ってしまう。
ワンポイント！
生トマトとケチャップを組み合わせることで酸味と甘みのバランスがとれ美味しいソースになる。

ベーコンとほうれん草の和風パスタ

醤油、ごま油、だし。ベーコンとほうれん草。それだけなのに美味しいパスタ。

1
ベーコン35gを一口大の長方形に切り、ほうれん草2株をざく切りにする。

2
フライパンにごま油大さじ1を引いてベーコンとほうれん草を入れ、中火で焦げ目がつくまで2分ほど炒める。

3
パスタ100gを茹で、ザルに上げて湯切りする。火を止めた2のフライパンにパスタ、だしの素小さじ1、醤油小さじ1を加えて和える。

1人分の材料
パスタ…100g…18円
ベーコン…35g…70円
ほうれん草…2株…66円
だしの素…小さじ1
醤油…小さじ1
ごま油…大さじ1

地中海風 ボンゴレビアンコ

あさりとにんにくの相性のよさは異常。パスタと一緒に黄金タッグを味わいつくそう。

1

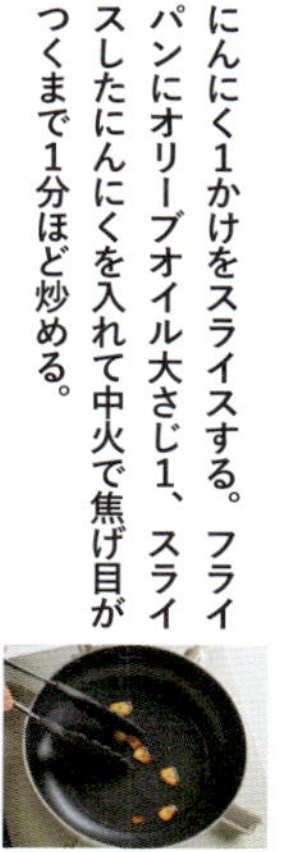

にんにく1かけをスライスする。フライパンにオリーブオイル大さじ1、スライスしたにんにくを入れて中火で焦げ目がつくまで1分ほど炒める。

2

あさり80gと酒150㎖を加えて蓋をしたら、あさりの殻が開くまで2分30秒ほど強火で蒸す。

3

パスタ100gを茹で、ザルに上げて湯切りする。火を止めた2にパスタと塩こしょう小さじ1を加え、絡める。

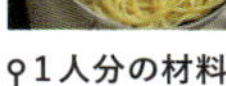

1人分の材料

パスタ…100g…18円
にんにく…1かけ…40円
砂抜き済みのあさり
…80g…80円
オリーブオイル…大さじ1
酒…150㎖
塩こしょう…小さじ1

100回作ったミートソーススパゲッティ

高校生の時から改良を重ね続けた筆者渾身のパスタです。

1

玉ねぎ1／4個とにんにく1かけ、にんじん1／2本をみじん切りにする。

2

熱する前のフライパンにオリーブオイル大さじ1を引いて、1の刻んだ野菜を中火で焦げ目がつくまで2分ほど炒める。

3

ホールトマト缶を開け、トングを入れてトマトを潰す。2にホールトマト1／2缶分を加えて中火で4分煮詰める。

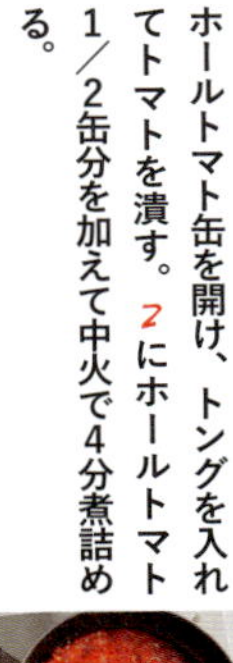

1人分の材料

パスタ…100g…18円
にんにく…1かけ…40円
玉ねぎ…1/4個…6円
牛ひき肉…50g…125円
にんじん…1/2本…12円
ホールトマト缶
…1/2缶（200g）…50円
オリーブオイル…大さじ3
顆粒コンソメ…小さじ1
塩こしょう…小さじ1
酒…200mℓ

4

別のフライパンにオリーブオイル大さじ2、ひき肉50gを入れ、中火で肉の色が変わるくらいまで3分ほど炒める。

5

4のフライパンに酒200㎖を加え、強火にして肉に火が通るまで1分ほど炒める。2つのフライパンの中身を合わせ、顆粒コンソメ小さじ1と塩こしょう小さじ1を加えて混ぜる。

6

パスタ100gを茹で、ザルに上げて湯切りする。器に盛り、5のミートソースをかける。

パスタは好きだけど茹でる時の熱さだけは苦手。

ワンポイント！

パスタを最後に茹でることで伸びずに美味しくソースと絡ませることができる。

にんにくとごま油が香る和風パスタ

にんにくがたっぷり入った新感覚・スタミナパスタ!?
普通に美味しいから困る。

1

にんにく2かけをスライスする。フライパンにごま油大さじ1、スライスしたにんにくを入れる。中火で焦げ目がつくまで1分30秒ほど炒めたら火を止める。

2

パスタ100gを茹で、ザルに上げて湯切りする。

3

2のパスタを1に加え、麺つゆ大さじ1を加えて中火で30秒絡める。

1人分の材料

パスタ…100g…18円
にんにく…2かけ…80円
ごま油…大さじ1
麺つゆ（2倍濃縮）
…大さじ1

焼きそば醤油ラーメン

コンソメとごま油、にんにくが自家製ラーメンをワンランク上に引き上げるポイントです。

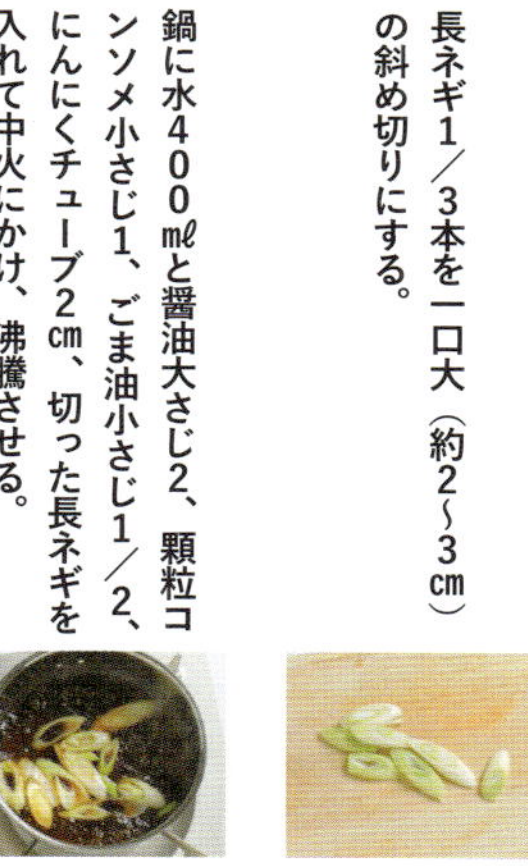

1 長ネギ1／3本を一口大（約2〜3㎝）の斜め切りにする。

2 鍋に水400㎖と醤油大さじ2、顆粒コンソメ小さじ1、ごま油小さじ1／2、にんにくチューブ2㎝、切った長ネギを入れて中火にかけ、沸騰させる。

3 沸騰したら弱火にし、4分経過したら焼きそば麺1玉を加える。30秒ほどほぐしながら温める。

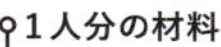

1人分の材料

- 焼きそば麺…1玉…32円
- 長ネギ…1/3本…23円
- 水…400㎖
- 醤油…大さじ2
- 顆粒コンソメ…小さじ1
- ごま油…小さじ1/2
- にんにくチューブ…2㎝

やみつき海鮮塩焼きそば

塩だれと海鮮の相性はバツグン。
豪快に魚介の旨みと麺に食らいつく喜びがここに。

1
にんにく1かけをスライスする。フライパンにサラダ油大さじ1、スライスしたにんにく、むきえび40g、あさり80g、酒100㎖を入れる。

2
蓋をして強火で2分ほど蒸す。あさりの殻が開いたら弱火にし、焼きそば麺1玉を加える。

3
麺をほぐしながら2分ほど炒め、火を止める。牛角旨塩だれ大さじ1を加えて和える。

1人分の材料

焼きそば麺…1玉…32円
むきえび…40g…73円
砂抜き済みのあさり
…80g…80円
にんにく…1かけ…40円
酒…100㎖
牛角旨塩だれ…大さじ1
サラダ油…大さじ1

Chapter 5

食卓を賑やかにする！
頼れるおかず

家で一人で食事をする時、ごはんだけ炊いてあとは冷凍食品や買ってきたお惣菜、というパターンがけっこうあります。

そんな時、いっそおかずもごはんを炊くくらいの労力で作れたら……といつも思っていました。

ここではそんな状況でもササッと作れてちゃんと美味しいおかずを載せています。

真鯛のカルパッチョ

手軽にオシャレさと料理スキルもアピールできる！
ある意味コスパ最強！

1
真鯛1さくに斜めに刃を入れてそぎ切りに（一口大くらい、薄めの刺身の形状）、パセリ1つまみをみじん切りに、トマト1／2個を乱切りにする。

2
ボウルに酢大さじ1、オリーブオイル大さじ1、にんにくチューブ2㎝を入れて混ぜる。

3
2に1の全てを加えて一緒に混ぜる。

1人分の材料

真鯛（刺身用）…1さく…400円
トマト…1/2個…33円
パセリ…1つまみ…15円
酢…大さじ1
オリーブオイル…大さじ1
にんにくチューブ…2㎝

448円

満腹ジャーマンポテト

じゃがいもとベーコンは食感、味ともに最高の組み合わせです。おつまみとしても。

1

じゃがいも2個を皮つきのまま半月切りにし、電子レンジ（500W）で5分加熱する。その間にパセリ1つまみをみじん切りに、玉ねぎ1／2個をスライスし、ベーコンを一口大に切る。

2

フライパンにサラダ油小さじ1、ベーコン、玉ねぎを入れ、中火で2分炒めたら、じゃがいも、塩こしょう2つまみを加え、さらに30秒炒める。

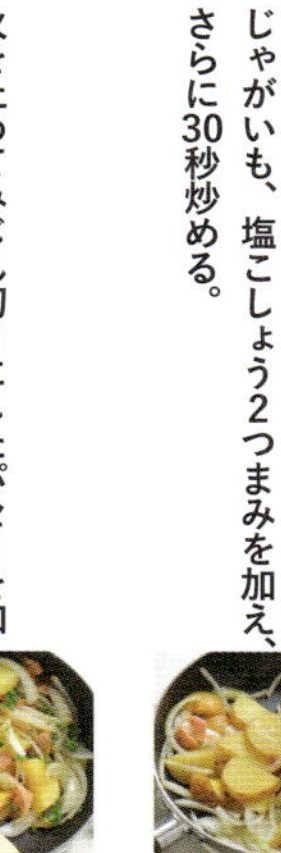

3

火を止めてみじん切りにしたパセリを加えて混ぜる。

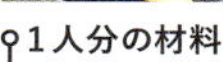

1人分の材料

じゃがいも…2個…48円
ベーコン…20g…40円
玉ねぎ…1/2個…12円
パセリ…1つまみ…15円
塩こしょう…2つまみ
サラダ油…小さじ1

115円

ホックホクのコロッケ

「揚げたて」は格別の味。揚げたてコロッケを食べたいなら、自分で作るのが一番！

1
じゃがいも2個の皮をピーラーで剥いて一口大程度に切り、電子レンジ（500W）で7分ほど加熱する。その間に玉ねぎ1／2個をみじん切りにする。

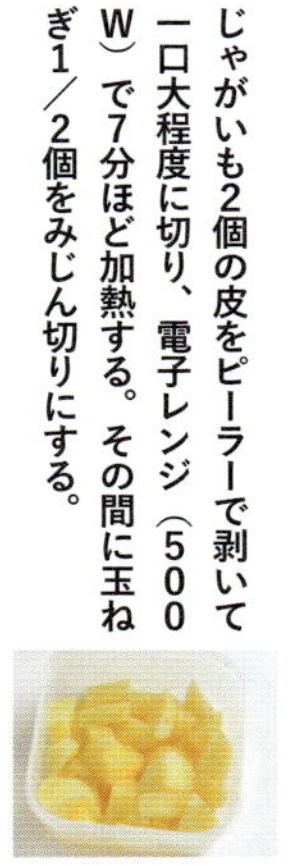

2
フライパンに玉ねぎ、サラダ油小さじ1を入れて中火で2分炒め、火を止める。

3
ボウルに1のじゃがいもを入れてスプーンやマッシャーで潰す。

1人分の材料

じゃがいも…2個…48円
玉ねぎ…1/2個…12円
パン粉…1/2カップ分…40円
卵…1個…18円
塩こしょう…1ふり
サラダ油…揚げ物用鍋の底から5㎝ほどの量＋小さじ1
小麦粉…大さじ1

3のボウルに2の玉ねぎを加えて混ぜたら3等分し、俵形に整える。器に小麦粉大さじ1と卵1個、塩こしょう1ふりを入れて混ぜ、卵液を作る。

5

バットにパン粉を敷き詰める。俵形のじゃがいもを4の卵液にまんべんなくつけたら、バットのパン粉を全面にまぶす。

6

揚げ物用鍋に底から5㎝ほどの量の油を入れて中火にかける。パン粉を落として上がってくる程度の温度（180度）になったら5を中火できつね色になるまで3分揚げ、キッチンペーパーで油を切る。

大変だけどじゃがいもを潰すのはけっこう楽しい。
ワンポイント！
じゃがいもは温めた直後に潰すことでなめらかな食感になる。

お酒に合うあじのなめろう

本当に、本当に簡単なのに旨すぎる……。
初めて作って食べた時の感動が忘れられません。

1
刺し身用あじ2枚を原型がなくなるくらいまで包丁で叩く。大葉1枚、にんにく1／2かけ、長ネギ10㎝をみじん切りにする。

2
ボウルにあじ、大葉、にんにく、長ネギ、味噌小さじ1、醤油5滴を入れる。

3
ボウルの中のものを混ぜ合わせる。

252円

1人分の材料
刺し身用あじ…2枚…200円
大葉…1枚…12円
にんにく…1/2かけ…20円
長ネギ…10㎝…20円
味噌（お好みの種類）…小さじ1
醤油…5滴

ガーリックオイルフォンデュ

たっぷりのオリーブオイルとにんにく。
それだけで旨いということを知ってもらいたい！

1

にんにく2かけをスライスする。フライパンにオリーブオイル大さじ5、にんにくを入れて弱火で4分30秒ほど炒める。

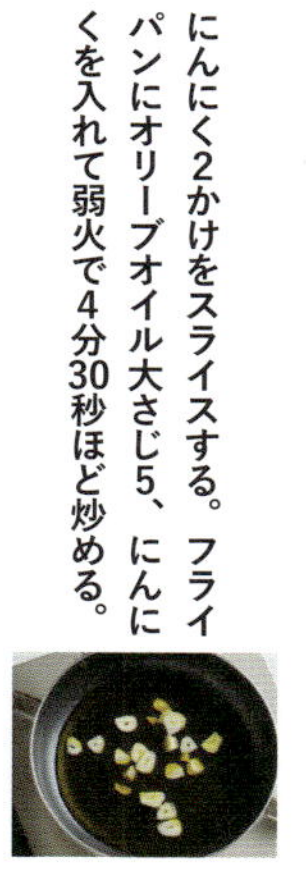

2

にんにくがカリカリになったら塩こしょう小さじ1を加えて火を止める。

3

2をある程度深さのある器に入れ、トーストした食パンをつけて食べる。

1人分の材料

にんにく…2かけ…80円
食パン…1枚…8円
オリーブオイル…大さじ5
塩こしょう…小さじ1

ナスと餃子の皮で作る簡単ラザニア

アツアツでトロトロの何層もの味わい。
工夫と丁寧さが美味しいラザニアを生みます。

1

フライパンにバター小さじ1を入れ、弱火にかけて溶かす。小麦粉大さじ1を加え、菜箸でかき混ぜながらこんがりするまで弱火で1分ほど炒める。

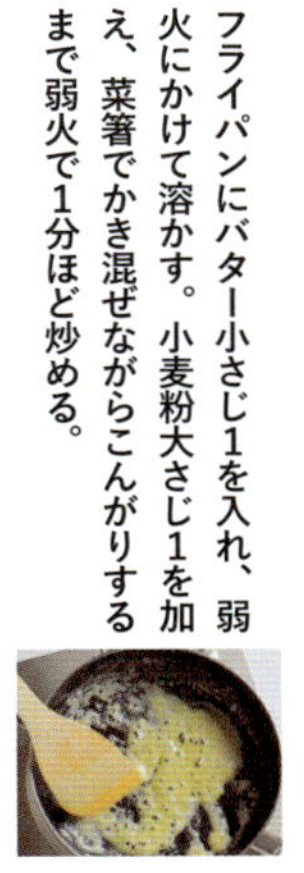

2

弱火のまま牛乳150㎖を少しずつ加えて、2分ほどなめらかな状態になるまで混ぜて、火を止める。

3

ナス1本のへたを切り落とし、半分の長さに切り、縦に3つ～4つに切り、別のフライパンに入れて中火で1分焼く。

1人分の材料

餃子の皮…2枚…10円
ミートソース缶…150g
…104円
牛乳…150㎖…30円
ナス…1本…30円
ピザ用チーズ
…2つかみ…14円
バター…小さじ1
小麦粉…大さじ1

人気レシピ
おつまみ
トマトソース
麺類
おかず
ごはんもの
肉料理
パン
粉もの
お菓子
スープ
金欠時
未公開！

4

耐熱皿に下から、2のホワイトソースの半分、3のナス、ミートソースの半分の順に入れていく。

5

4の上に餃子の皮2枚を敷き、さらに残りのホワイトソース、残りのミートソースの順にかける。

6

最後にピザ用チーズ2つかみを全体に散らし、200度に予熱したオーブンで10分ほど焼く。

市販のソースを使うことだってある。

ワンポイント！

ミートソースの手作りは大変なので完成品を、手作りが簡単なホワイトソースは自力で作ることで全体のコスパがよくなる。

ふんわりラー油ガーリックオムレツ

ピリ辛オムレツ。卵と食べるラー油のオムレツはケチャップなしでも美味しく頂けます。

1

卵2個と食べるラー油大さじ1を混ぜる。

2

フライパンにサラダ油大さじ1を引いて中火で熱し、1を入れ、菜箸で手早くかき混ぜながら強火で20秒焼く。

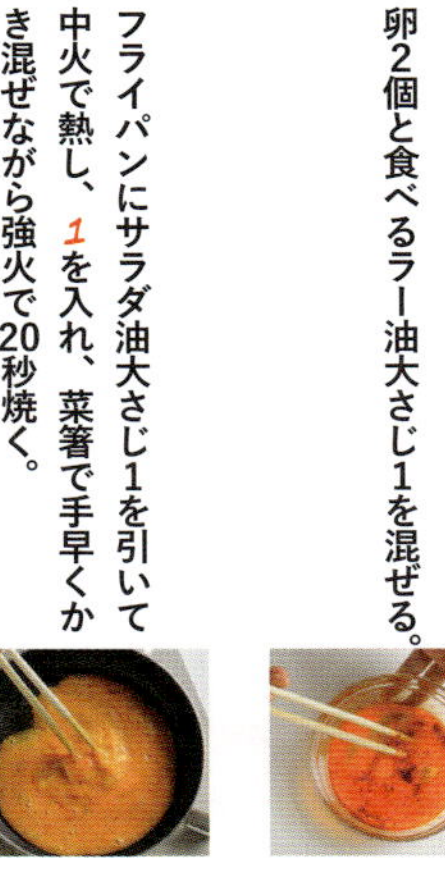

3

焼きながらオムレツの形に整える。

1人分の材料

卵…2個…36円
食べるラー油…大さじ1
サラダ油…大さじ1

サンマとキャベツのカリカリサラダ

ほんのりとクセになる塩っ気、カリカリ美味しい揚げサンマ！　おつまみにもイケるサラダ。

1

キャベツの葉3～5枚を粗く千切りにし、塩2つまみと一緒にポリ袋に入れて軽く揉む。

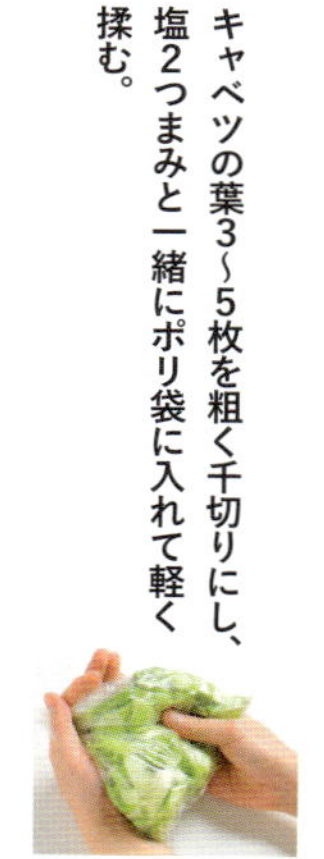

2

サンマ1／2枚を2×2㎝ほどの食べやすいサイズに切り分ける。フライパンにサラダ油大さじ1を引いてサンマを入れ、両面を強火で火が通るまで2分30秒ほど焼く。

3

器に1のキャベツを盛り、その上に2で焼いたサンマをのせ、ポテトチップうす塩味4枚を砕いて全体にかける。

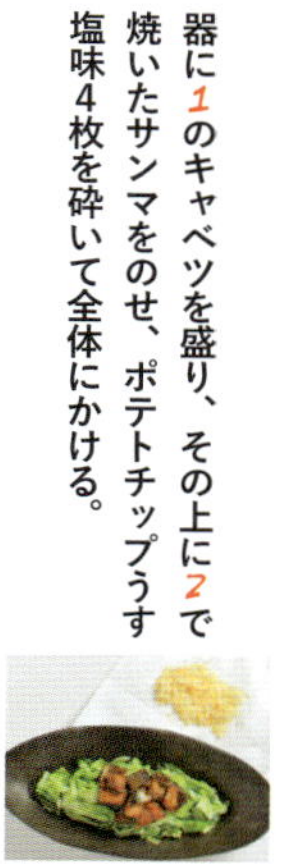

1人分の材料

サンマ（3枚おろし）…1/2枚…45円
キャベツの葉…3～5枚…18円
ポテトチップうす塩味…4枚…16円
塩…2つまみ
サラダ油…大さじ1

キャベツのコールスローサラダ

からしマヨネーズで止まらない！　付け合わせにも、おつまみにも、そしてダイエットにも。

1

キャベツの葉大約3枚を千切りにする。切ったキャベツを電子レンジ（500W）で1分加熱する。

2

キャベツから出た水分をキッチンペーパーでふき取る。

3

2のキャベツとマヨネーズ大さじ1、からしチューブ2㎝、塩こしょう2ふりを混ぜ合わせる。

1人分の材料

キャベツの葉…大約3枚
…18円
マヨネーズ…大さじ1
からしチューブ…2㎝
塩こしょう…2ふり

1分でできるトロトロ温泉卵

本書最速レシピ候補の一角。使うのは器、スプーン、レンジだけ。まずはお試しあれ！

1

小さめの器に水大さじ1、卵1個の順に入れる。

2

電子レンジ（500W）で様子を見ながら30〜60秒、白身が固まり、黄身が固まりだす直前程度まで加熱する。

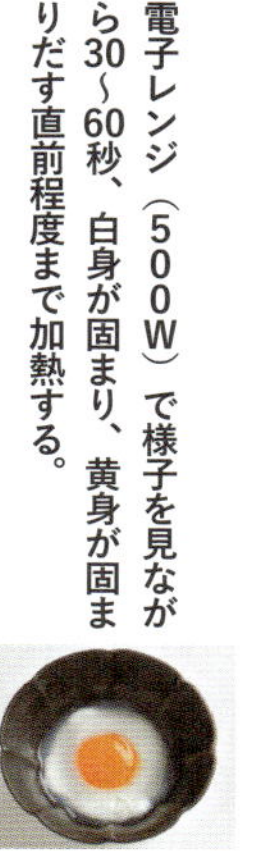

3

器に残った水を捨て、麺つゆ小さじ1をかける。

1人分の材料

卵…1個…18円
水…大さじ1
麺つゆ（2倍濃縮）
…小さじ1

はらぺこグリズリーの料理の裏技!!

「野菜をたくさん取りたい時はスープや汁物に余った野菜を入れまくろう」

一人暮らしや一人分のレシピで陥りやすいのが野菜不足です。といいますのも、にんじん４分の１個とか玉ねぎ４分の１個とか少量の野菜を使うと中途半端に余ってしまいますし、いざ使う時は料理にどうやって少量の野菜入れるかって以外と難しいんですよね。

そんな時はお味噌汁やスープ、お鍋などに余った野菜をたっぷり使ってみましょう。汁物やスープ、お鍋はたくさんの野菜が入ることで野菜から旨味が出て美味しさが引き立つ上に多くの野菜をいっぺんに摂取できて栄養満点です。しかも賞味期限が切れそうな余った野菜も掃除できて一石三鳥です。いつも作っているスープやお鍋もその時々に余った野菜で味わいも違ってくるので楽しみも増えます。「最近ちょっと野菜不足だな」と思ったときこそ具だくさんの汁物で心も体も温まってはいかがでしょうか。

Chapter 6

1品作るだけで1食が完結！
ごはんもの

　麺類に並んで「安い、簡単、旨い」料理の代表格と言えばそれはごはんものでしょう。

　世界中で食べられている米料理の可能性は無限大です。オムライス、親子丼、パエリア、リゾット、雑炊、おにぎり、そしてチャーハン……。

　お腹が減った時に食べたいのはやっぱりお米。自信を持っておすすめする12品のごはんものを集めました。

ふわとろオムライス

卵とケチャップの組み合わせは最高！
手軽に楽しみたいならオムライスが一番！

1

玉ねぎ1／2個、にんじん1／2本をみじん切りにし、電子レンジ（500W）で4分加熱する。卵2個を溶く。

2

フライパンにバター小さじ1、ひき肉20gを入れ、中火で2分30秒ほど火が通るまで炒める。

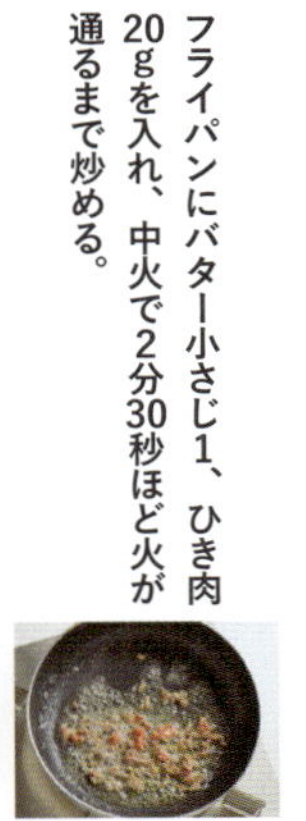

3

刻んだ1の玉ねぎとにんじんを加えて中火で30秒炒める。

1人分の材料

玉ねぎ…1/2個…12円
にんじん…1/2本…12円
牛ひき肉…20g…50円
ごはん…200g…66円
卵…2個…36円
塩こしょう…1ふり
顆粒コンソメ…小さじ1
バター…小さじ1
ケチャップ
　…大さじ2+お好みで
サラダ油…大さじ1

4

ごはん200g、ケチャップ大さじ2、塩こしょう1ふり、顆粒コンソメ小さじ1を加えて中火で1分ほど炒め、器に盛る。

5

フライパンにサラダ油大さじ1を引いて中火で温めたら1の溶き卵を円形になるようにゆっくりと垂らす。

6

片面だけ中火で20秒ほど焼き、見た目が半熟になったら4にのせ、お好みでケチャップをかける。

ケチャップが好きだから
いっぱいかけただけ。
本当だ。
ワンポイント！
ケチャップで書いた文字なんて味を左右しない。

ささみの親子丼

鶏肉と卵でごはんが進む！
丼1杯で味わえる幸せな時間を楽しもう。

1
玉ねぎ1／2個を薄切り、ささみ100gを一口大に切る。フライパンにサラダ油大さじ1と玉ねぎとささみを入れ、中火で火が通るまで3～4分炒める。

2
1に水100㎖と酒大さじ1、砂糖大さじ1、醤油大さじ1、だしの素小さじ1を加え、かき混ぜながら中火で3分ほど煮詰める。

3
卵2個を溶いて全体にかけ、蓋をする。卵が半熟になるまで弱火で1分ほど煮詰め、ごはん200gにのせる。

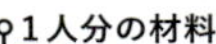

1人分の材料
ささみ…100g…89円
卵…2個…36円
玉ねぎ…1/2個…12円
ごはん…200g…66円
酒…大さじ1
砂糖…大さじ1
醤油…大さじ1
サラダ油…大さじ1
だしの素…小さじ1
水…100㎖

激ウマえびバターごはん

さっぱりめのピラフ風味のごはんと
プリプリのえびで満腹満足!

197円

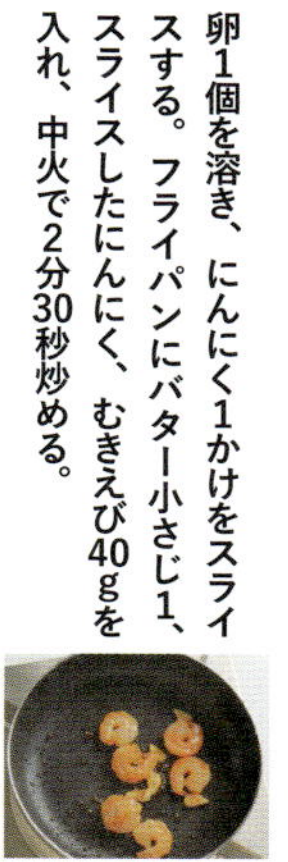

1

卵1個を溶き、にんにく1かけをスライスする。フライパンにバター小さじ1、スライスしたにんにく、むきえび40gを入れ、中火で2分30秒炒める。

2

えびに火が通ったらバター小さじ1、溶き卵、ごはん200gと牛角旨塩だれ大さじ1を加える。

3

強火にし、お玉の底でごはんの塊をほぐすように手早く1分ほど炒める。

1人分の材料

むきえび…40g…73円
卵…1個…18円
ごはん…200g…66円
にんにく…1かけ…40円
牛角旨塩だれ…大さじ1
バター…小さじ2

ネギ塩ガーリックチキン丼

ネギ塩！　にんにく！　鶏肉！
全部まとめて最高の丼のでき上がり！

1
にんにく1かけをスライスし、鶏もも肉100g、長ネギ10㎝を一口大に切る。

2
フライパンにサラダ油大さじ1、1で切った材料を入れて中火で鶏肉に完全に火が通るまで（目安は4〜6分）炒める。

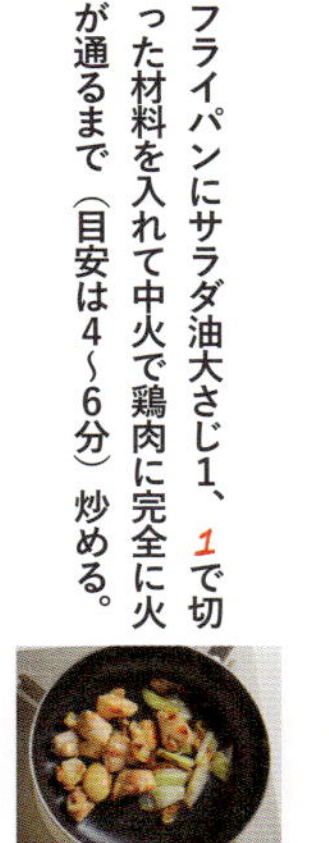

3
火を止め、牛角旨塩だれ大さじ2をかけて和え、ごはん200gにのせる。

1人分の材料

鶏もも肉…100g…84円
長ネギ…10㎝…20円
にんにく…1かけ…40円
ごはん…200g…66円
サラダ油…大さじ1
牛角旨塩だれ…大さじ2

カレーリゾット風パエリア

シーフードカレーのような辛さと旨みが作り出す美味しいパエリアです。

1 にんにく1かけをスライスする。

2 フライパンにオリーブオイル大さじ1、にんにくを入れ、弱火で3分炒める。あさり7～8個、むきえび30g、酒100㎖を加えて蓋をしたら強火で2分蒸す。

3 あさりの殻が開いたら弱火にしてカレー粉大さじ1、顆粒コンソメ小さじ1、ごはん200gを加えて混ぜ合わせる。

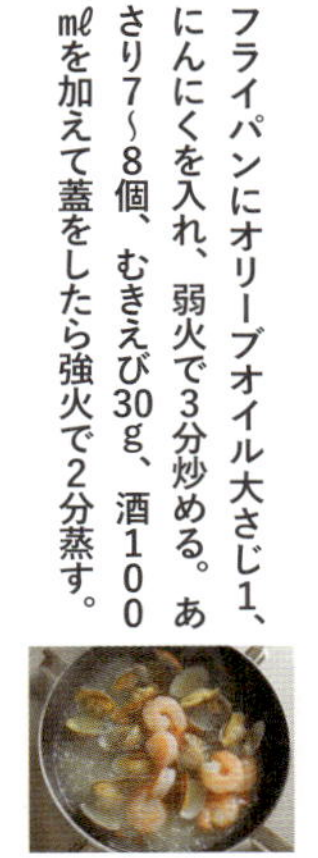

1人分の材料

ごはん…200g…66円
にんにく…1かけ…40円
砂抜き済みのあさり
…7～8個…77円
むきえび…30g…55円
カレー粉…大さじ1
オリーブオイル…大さじ1
顆粒コンソメ…小さじ1
酒…100㎖

あと引く辛さ！　麻婆雑炊

麻婆豆腐の素を使って雑炊!?
ふわふわの卵とアツアツのピリ辛ごはんが最高です！

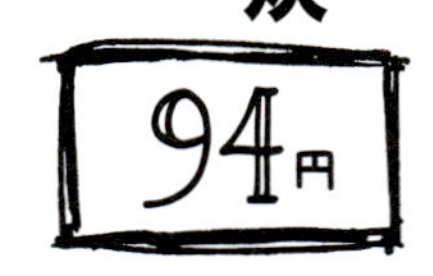

1

とろみ粉（麻婆豆腐の素に付属しているもの）1・5人前と水大さじ1を混ぜる。卵1個を溶く。フライパンに水90㎖、麻婆豆腐の素1・5人前を入れて煮立つまで中火で2分ほど加熱する。

2

ごはん100gを軽く水ですすぎ、1の水溶きとろみ粉と一緒にフライパンに加え、中火でかき混ぜながら加熱し続ける。

3

煮立ったら溶き卵を回し入れて蓋をし、30秒〜1分待つ。

1人分の材料

- 麻婆豆腐の素…1.5人前…43円
- 卵…1個…18円
- ごはん…100g…33円
- 水（雑炊用）…200㎖
- 麻婆豆腐の素付属のとろみ粉…1.5人前
- 水（麻婆豆腐の素用）…大さじ1

アルティメット牛乳リゾット

まさに究極（アルティメット）。シンプルな材料も組み合わせ次第で美味しすぎるリゾットに。

1 玉ねぎ1／2個をみじん切りにする。フライパンにサラダ油大さじ1、玉ねぎを入れ、中火で3分炒める。

2 1に牛乳100㎖と顆粒コンソメ小さじ1を加え、中火のままかき混ぜながら牛乳が沸騰するまで2分30秒ほど煮る。

3 ごはん150gを加えて中火のまま1分30秒ほど混ぜ、器に盛る。粉チーズ3～4ふりをかける。

1人分の材料

ごはん…150g…50円
玉ねぎ…1/2個…12円
牛乳…100㎖…20円
顆粒コンソメ…小さじ1
サラダ油…大さじ1
粉チーズ…3～4ふり

真鯛で作る鯛茶漬け

鯛、ごはん、水、だし、それだけ。
鯛の旨みとだしを存分に味わえる優しい1品です。

1

真鯛7切れほどをそぎ切り（さくに対して右斜め上から包丁を入れる切り方）にする。

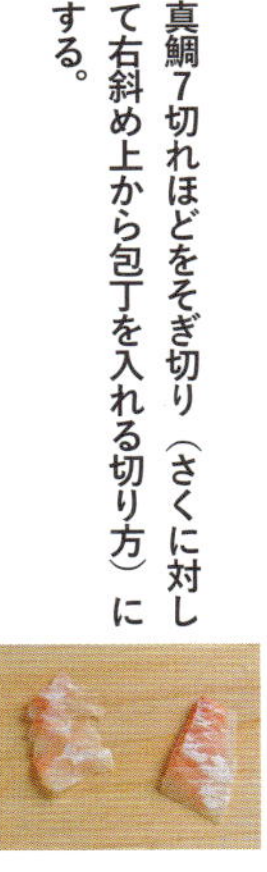

2

鍋に水150㎖とだしの素小さじ1を入れて強火で沸騰するまで2分ほど煮る。

3

ごはん150gの上に1の鯛をのせ、煮詰めただし汁をかける。

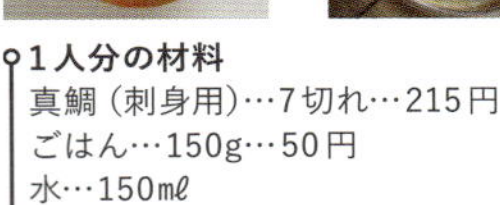

1人分の材料

真鯛（刺身用）…7切れ…215円
ごはん…150g…50円
水…150㎖
だしの素…小さじ1

チーズ焼きおにぎり

おにぎり1個で満腹になれる。
オーブントースターでチーズがとろける時間は幸せの時間。

77円

1

手を濡らした状態でごはん150gをにぎっておにぎりの形にする。

2

1の片面に醤油小さじ1をかけ、ピザ用スライスチーズ1枚をかぶせる。

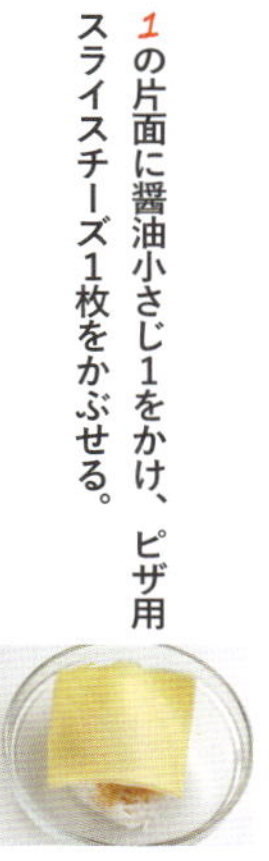

3

オーブントースターにアルミホイルを敷き、その上で2をチーズに軽く焦げ目がつくまで6〜7分焼く。

1人分の材料

ごはん…150g…50円
ピザ用スライスチーズ
…1枚…27円
醤油…小さじ1

ラー油のピリ辛チャーハン

止まらない辛ウマチャーハン！
一気に作って一気に食べよう！

1

卵1個を溶き、食べるラー油大さじ2と混ぜ合わせる。

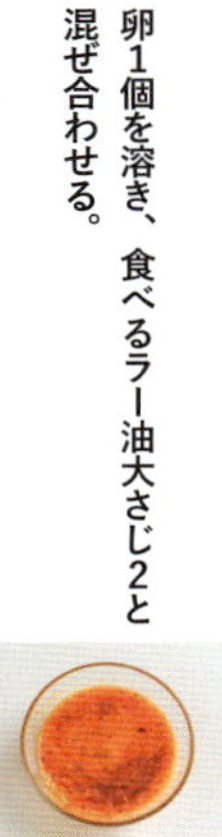

2

強火で熱したフライパンにサラダ油大さじ2を引く。溶き卵を回し入れ、直後にごはん200gを加えて、お玉の底で潰すように混ぜ、1分ほど手早く炒める。

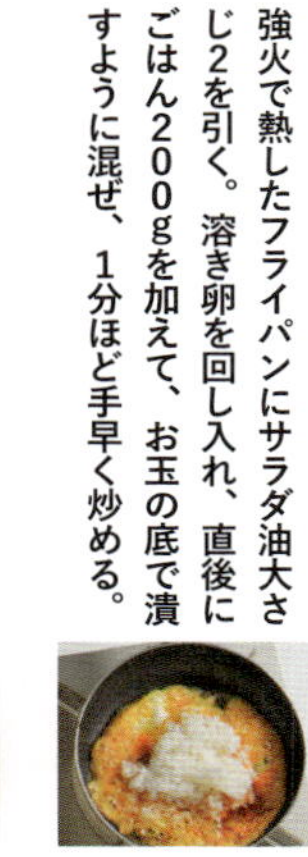

3

パラパラしてきたら塩こしょう小さじ1を加える。

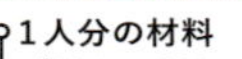

1人分の材料

ごはん…200g…66円
卵…1個…18円
食べるラー油…大さじ2
塩こしょう…小さじ1
サラダ油…大さじ2

いわしの激ウマ蒲焼き丼

いわしの美味しさを知ってもらいたい！
甘だれでごはんが進む！

1

器に酒大さじ2と醤油大さじ1・5、砂糖大さじ1を入れて混ぜ、たれを作る。いわしの開き2枚全体に小麦粉大さじ2を軽くまぶす。

2

フライパンにサラダ油大さじ1を引いて熱したら、いわしの両面を中火で45秒ほどずつ、火が通るまで計約1分30秒ほど焼く。火を止め、1のたれをいわし全体に絡める。

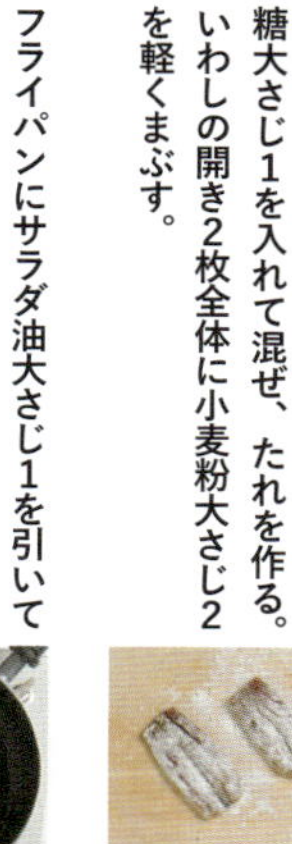

3

ごはん150gの上に2のいわしをのせ、フライパンに残ったたれを大さじ3かけて完成。

1人分の材料

いわしの開き…2枚
…68円
ごはん…150g…50円
酒…大さじ2
醤油…大さじ1.5
砂糖…大さじ1
小麦粉…大さじ2
サラダ油…大さじ1

クラムチャウダーリゾット

あさりのだしと牛乳のまろやかさが溶け合う……。作るのも簡単ですごくおすすめです。

1 フライパンにあさり100g、酒100㎖を入れ、蓋をして強火で2分蒸す。

2 あさりの殻が開いたら牛乳100㎖、顆粒コンソメ小さじ1を加える。中火でかき混ぜながら煮立つまで2分ほど加熱する。

3 煮立ったらごはん150gを加えて混ぜる。

1人分の材料

砂抜き済みのあさり…100g…100円
ごはん…150g…50円
牛乳…100㎖…20円
酒…100㎖
顆粒コンソメ…小さじ1

Chapter 7

ハンバーグ！　生姜焼き！
作るだけでワクワクする肉料理！

「絶対に今日は肉が食べたい！」「好きなだけ肉を食べまくりたい！」「ホカホカごはんと一緒にモリモリ食べたい！」自分で作る肉料理はそんな気持ちを全部受け止めてくれます。

今日は自分で肉料理を作ってみて「好きなだけ食べる」楽しさを存分に味わってみてはいかがでしょう？

肉料理を一品ドン！　あとは山盛りの白めし！　そんなボリュームたっぷり、ごはんの進む最高の肉料理11品を揃えてあります。

超旨い鶏手羽元のコーラ煮

甘く仕上がった至高の柔らか手羽元。食べてみればわかるその美味しさ。

1
鍋に手羽元3本、コーラ約250㎖（手羽元が半分浸かる程度）、醤油大さじ4、塩こしょう小さじ1を入れ、中火で15分煮込む。

2
あく（浮いてくる濁った泡のようなもの）をお玉でざっと取り除き、落とし蓋をする（アルミホイルで覆う）。

3
弱火にしてさらに15分煮込む。

1人分の材料
鶏手羽元
…3本（約180g）
…162円
コーラ…約250㎖
…40円
醤油…大さじ4
塩こしょう…小さじ1

明太子マヨチキン

辛さと濃厚さ、そして鶏肉なのに驚くほどのジューシーさ。ごはんも進む！

1
ボウルにカット鶏もも肉150g、明太子2本（1腹）、マヨネーズ大さじ3を入れて混ぜ合わせる。

2
フライパンにサラダ油大さじ1を引いて熱し、1を入れて中火で表面に焦げ目がつくまで両面を2分30秒ずつ計5分焼く。

3
両面に焦げ目がついたら弱火にし、蓋をして完全に鶏肉に火が通るまで（目安は5～7分）焼く。

1人分の材料
カット鶏もも肉
…150g…120円
明太子…2本（1腹）…152円
マヨネーズ…大さじ3
サラダ油…大さじ1

手抜き煮込みハンバーグ

作るのは簡単なのに凄まじい美味しさと満足感。
ローリスクハイリターンレシピ！

1

玉ねぎ1／2個をみじん切りにし、フライパンにサラダ油大さじ1を入れて中火で3分ほど炒める。火を止めてそのまま10分ほど玉ねぎを冷ます。

2

ボウルに牛乳大さじ1、卵黄1個分、パン粉大さじ3を入れて混ぜる。

3

1の玉ねぎとひき肉100gを2のボウルに加え、手で混ぜこね、ハンバーグ形に整える。

1人分の材料

- 牛ひき肉…100g…250円
- 玉ねぎ…1/2個…12円
- 牛乳…大さじ1…3円
- 卵…1個…18円
- パン粉…大さじ3…20円
- サラダ油…大さじ2
- 塩こしょう…1つまみ
- 酒…大さじ3
- バター…小さじ1
- ケチャップ…大さじ1
- ソース…小さじ2
- 醤油…小さじ1

フライパンにサラダ油大さじ1を引いて中火で熱し、3を入れ、両面を強火で1分ほどずつ計約2分焦げ目がつくまで焼く。

5

焦げ目がついたら弱火にしてさらに5分焼き、全体に火を通す。

6

全体に火が通ったら、バター小さじ1、酒大さじ3、ケチャップ大さじ1、ソース小さじ2、醤油小さじ1、塩こしょう1つまみを加え、グツグツするまで中火で2分ほど煮詰める。

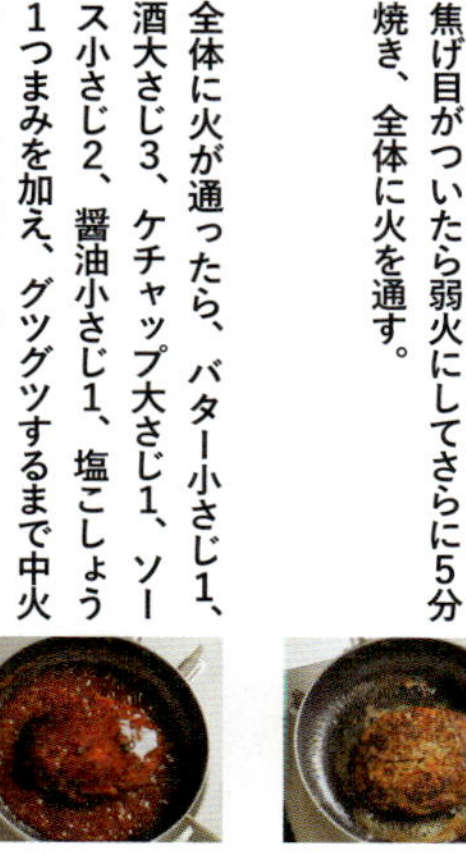

じっと待つこの時間も料理の醍醐味。
ワンポイント！
ソースと一緒に煮込みながら焼くことで旨みを閉じ込めることができる。

照り焼きチキン

甘みがクセになる照り焼きチキン。
ついつい箸が進んでしまう止まらない美味しさです。

1

器に醤油大さじ1、砂糖大さじ1・5、酒大さじ1を入れて混ぜ、たれを作る。鶏もも肉100gを一口大に切る。

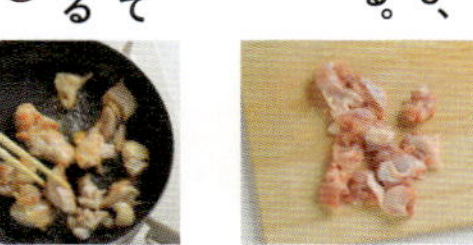

2

フライパンにサラダ油大さじ1を引いて中火で熱したら、鶏肉に完全に火が通るまで両面をじっくり（目安は5〜7分）炒める。

3

火を止め、1のたれを絡める。

1人分の材料

鶏もも肉…100g…84円
酒…大さじ1
砂糖…大さじ1.5
醤油…大さじ1
サラダ油…大さじ1

定食屋の生姜焼き

ごはんが進む肉料理ランキング上位ランカー生姜焼き！
ごはん炊かなきゃ！

1

ボウルにカット鶏もも肉200g、生姜チューブ大さじ1、醤油大さじ2、酒大さじ1を入れて混ぜ、ラップをして冷蔵庫で30分寝かせる。

2

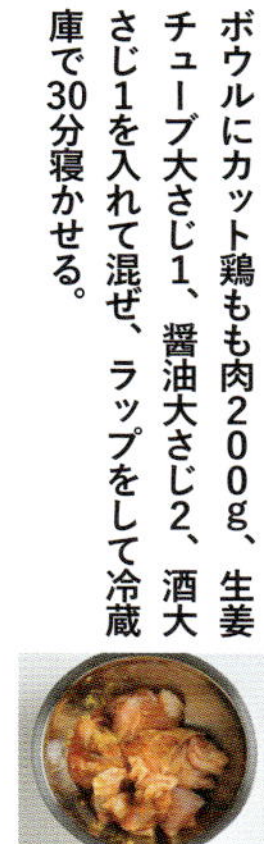

フライパンにサラダ油大さじ1を引き、中火で熱したら1を入れて両面に焦げ目がつくまで返しながら3分ほど焼く。

3

両面に焦げ目がついたら弱火にし、蓋をして鶏肉に完全に火が通るまで（目安は5〜7分）焼く。

1人分の材料

カット鶏もも肉…200g
…160円
酒…大さじ1
醤油…大さじ2
サラダ油…大さじ1
生姜チューブ…大さじ1

タンドリーチキン

辛さ＋マイルドさ＝美味しいタンドリーチキン！
カレー粉とヨーグルトが大活躍。

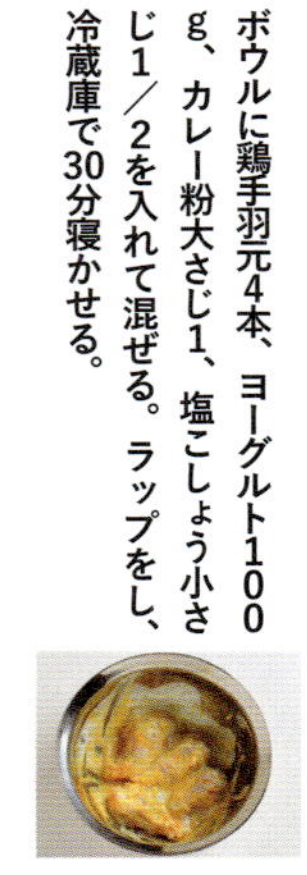

1
ボウルに鶏手羽元4本、ヨーグルト100g、カレー粉大さじ1、塩こしょう小さじ1／2を入れて混ぜる。ラップをし、冷蔵庫で30分寝かせる。

2
フライパンにサラダ油大さじ1を引いて中火で熱する。1の肉を入れて蓋をし、両面を強火で1分ほどずつ計約2分焼いて焦げ目をつける。

3
再び蓋をして鶏肉に完全に火が通るまで弱火でじっくり焼く（目安は5～7分）。

1人分の材料

鶏手羽元
…4本（約240g）
…216円
プレーンヨーグルト
…100g…33円
カレー粉…大さじ1
塩こしょう…小さじ1/2
サラダ油…大さじ1

ごはんが進む！レバニラ炒め

本書で1、2を争う健康レシピ！野菜もたっぷり栄養満点レバニラ炒めです。

1

器ににんにくチューブ1㎝、生姜チューブ1㎝、味噌小さじ2、醤油小さじ2、塩こしょう2ふりを入れ、混ぜ合わせる。

2

ニラ7〜8本をざく切りに、長ネギ1／2本を斜め切りに、鶏レバー120gを一口大に切る（レバーは血の塊を取り、牛乳に20分ほど漬けると臭みが取れる）。

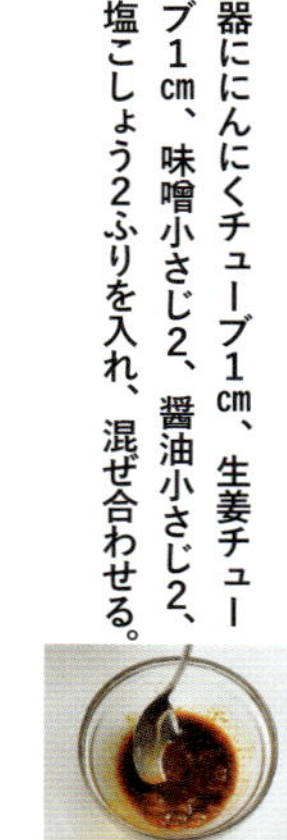

3

フライパンにサラダ油大さじ1、2のレバー、ニラ、長ネギを入れ、中火で5〜7分ほど炒める。レバーに完全に火が通ったことを確認したら弱火にして、1のたれを絡める。

1人分の材料

- 鶏レバー…120g…126円
- ニラ…7〜8本…93円
- 長ネギ…1/2本…35円
- 味噌（お好みの種類）…小さじ2
- 塩こしょう…2ふり
- 醤油…小さじ2
- にんにくチューブ…1㎝
- 生姜チューブ…1㎝
- サラダ油…大さじ1

白菜と豚バラの重ね蒸し

白菜から出る水分で蒸すから白菜、豚バラ、塩こしょうだけで作れる！

1

白菜の葉10枚を軽く水で洗って一口大に切り、豚バラ薄切り肉50gを白菜より小さめに切る。

2

鍋に白菜と豚バラ肉を縦向きに差し込むように詰めていく。

3

鍋がいっぱいになったら蓋をして中火で3～4分蒸す。豚バラ肉に火が通ったら塩こしょう3～5ふりをかける。

1人分の材料

白菜の葉…10枚…60円
豚バラ薄切り肉…50g…83円
塩こしょう…3～5ふり

野菜たっぷり豚バラ生姜鍋

食べれば食べるほどポカポカしてくる
寒い時にピッタリの鍋でほっと一息つきませんか？

1

大根1／8本、にんじん1／2本、ごぼう1／3本の皮を剥き、スライサーで薄い輪切りにし、水菜1株と豚バラ薄切り肉45gを一口大に切る。

2

鍋に水250㎖、醤油小さじ2、酒小さじ2、砂糖小さじ1、塩小さじ1、生姜チューブ5㎝を入れて混ぜる。

3

2の鍋に1のごぼう、にんじん、大根、水菜、肉の順に入れ、蓋をする。中火で肉に火が通るまで5～7分ほど煮込む。

1人分の材料

- 大根…1/8本…18円
- にんじん…1/2本…12円
- ごぼう…1/3本…30円
- 水菜…1株…18円
- 豚バラ薄切り肉…45g…75円
- 醤油…小さじ2
- 酒…小さじ2
- 砂糖…小さじ1
- 塩…小さじ1
- 生姜チューブ…5㎝
- 水…250㎖

優しいロールキャベツ

溢れる肉汁、優しいコンソメベースのスープ、それがロールキャベツの魅力です。

96円

1

キャベツの葉3枚から芯を切り取り、柔らかくなるまで強火で3分ほど茹でる。玉ねぎ1／2個をみじん切りにする。卵1／2個を溶き、パン粉大さじ1と混ぜる。

2

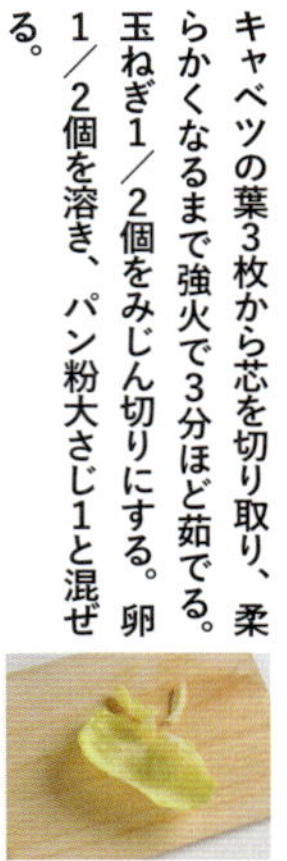

ボウルに1の玉ねぎと卵とパン粉を混ぜたもの、ひき肉50g、塩こしょう2ふりを入れて混ぜ、1のキャベツの中央に置く。

3

2をぐるぐる巻いていく。

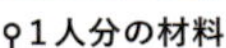

1人分の材料

キャベツの葉…3枚…18円
ひき肉（豚でも牛でも）
…50g…50円
玉ねぎ…1/2個…12円
卵…1/2個…9円
顆粒コンソメ…小さじ2
塩こしょう…3ふり
水…300㎖
パン粉…大さじ1…7円
酒…大さじ1

4

巻き終えたらつまようじで固定する。

5

鍋に水300㎖、顆粒コンソメ小さじ2、酒大さじ1、塩こしょう1ふりを入れて沸騰するまで中火で2〜3分煮る。4を入れて蓋をし、強火で2分煮る。

6

弱火にし、じっくり30分ほど煮込む。

美味しそうに見えるなら
つまようじでも何でも使う。

ワンポイント！

つまようじを使うと簡単に美味しそうにキャベツを巻くことができる。

特製バンバンジー

辛いのにさっぱり！
味がたっぷり染み込んだ鶏肉の美味しさをぜひ。

1
長ネギ4㎝をみじん切りに、きゅうり4㎝を千切りにする。

2
鶏胸肉200gの上に1の長ネギ、生姜チューブ1㎝、酒小さじ2をかけ、ラップをする。

3
2を電子レンジ（500W）で火が通るまで8分ほど加熱する。

1人分の材料

鶏胸肉…200g…128円
長ネギ…4㎝…8円
きゅうり…4㎝…14円
食べるラー油…大さじ1
砂糖…大さじ1
酢…大さじ1
醤油…大さじ2
すり白ごま…大さじ1
ごま油…小さじ2
生姜チューブ…2㎝
酒…小さじ2

4 3の皮を取り除きながらフォークと菜箸で裂くようにほぐす。

5 器に食べるラー油大さじ1、酢大さじ1、醤油大さじ2、すりごま大さじ1、ごま油小さじ2、生姜チューブ1cmを入れて混ぜ、たれを作る。

6 器に4を盛り、1のきゅうりをのせ、5のたれをかける。

全自動鶏肉ほぐし機があれば……。
ワンポイント！
鶏肉をよくほぐすことで味が均等に染み込むようになる。

はらぺこグリズリーの料理の裏技!!

「金欠になったら業務用スーパーで５キロで 1000 円のパスタで乗り切ろう」

「業務用スーパー」という場所をご存じでしょうか？　主に飲食店などで使われる調味料や料理の材料が大量に安く売っているお店です。業務用サイズの２リットルくらいの醤油やソース、海外の食料品もそれなりに取り扱っていて料理のための買い物をする時にはなかなか便利な場所です。

中でもオススメなのがパスタです。基本的に大量であればあるほど安くなる傾向があるので、５キロものパスタでも約 1000 円で買うことができたことがありました。更に言うなら業務用スーパーで買うべきものは「保存が利く食料品」でしょう。一度で大量のものを買うとその分食べるペースにも気を遣う必要が出てきて、せっかくたくさん買ったのに傷ませてしまった……ということも考えられます。というわけで業務用スーパーではパスタのような日持ちのする、かつ使い道がいろいろあっていくらあっても困らないようなものを買うといいでしょう。

Chapter 8

食パンから広がる
無限の可能性！

筆者はごはん派です！　ですがたまにはパンが食べたくなる時もあります。

そんな時によく作る飽きにくく、美味しく、それでいて簡単で安いパン料理だけをここでは載せています。

具をパンにのせてオーブントースターで焼くだけのピザトースト、クセになる味わいのカレーツナトースト、オシャレなクロックムッシュ、そしてシンプルながらどこか懐かしく、時々無性に食べたくなる卵サンドの４品をチョイスしてみました。

カニマヨピザトースト

ケチャップ、ピザ用チーズ、そしてカニマヨ！
お手軽食材で簡単ピザトースト！

1

8枚切り食パン1枚にケチャップ大さじ1を塗る。

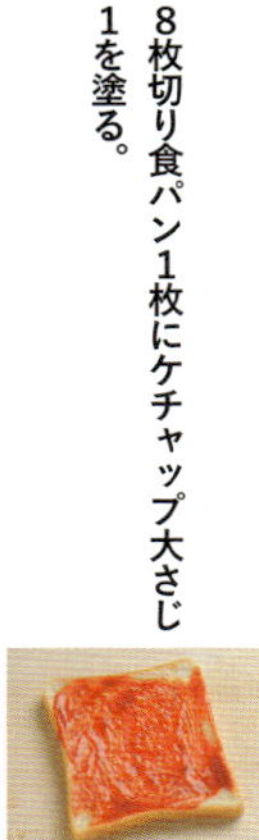

2

カニカマ4本を手で軽く縦に裂き、マヨネーズ大さじ1と混ぜる。1の上にカニマヨ、ピザ用チーズ2つまみをかける。

3

オーブントースターにアルミホイルを敷き、その上で2をパンがこんがりするまで3～4分焼く。

1人分の材料

8枚切り食パン…1枚…8円
カニカマ…4本…32円
ピザ用チーズ
…2つかみ…14円
ケチャップ…大さじ1
マヨネーズ…大さじ1

カレーツナトースト

カレー粉！　マヨネーズ！　みんな大好きツナ！
全部合わせて激ウマトースト！

1
油を切っていないツナ40gとカレー粉大さじ山盛り1とマヨネーズ大さじ2を混ぜる。

2
8枚切り食パン1枚に、1を塗る。

3
オーブントースターにアルミホイルを敷き、その上で2をパンがこんがりするまで3～4分焼く。

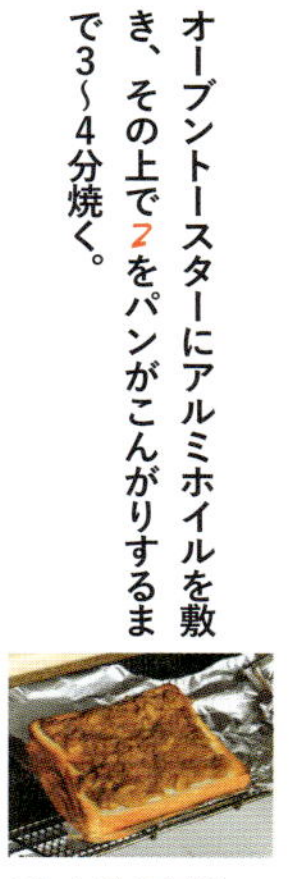

1人分の材料
8枚切り食パン…1枚…8円
ツナ缶…40g…38円
カレー粉
　…大さじ山盛り1
マヨネーズ…大さじ2

ドライクロックムッシュ

オシャレさとボリュームを兼ね備えたクロックムッシュで優雅な朝食はいかが？

1

8枚切り食パン1枚の上にハム1枚とピザ用チーズ2つかみをのせる。

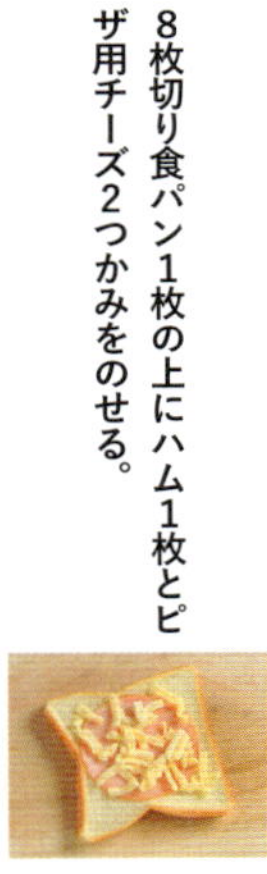

2

フライパンにバター小さじ1を入れ、中火で溶かす。小麦粉大さじ2を加え、菜箸でかき混ぜながらこんがりするまで弱火で1分炒める。

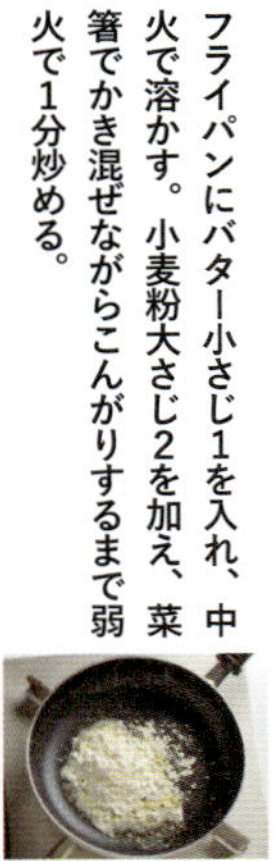

3

弱火のまま牛乳120mℓと顆粒コンソメ小さじ1を少しずつ加え、2分ほどかけてなめらかな状態になるまで混ぜる。

1人分の材料

- 8枚切り食パン…2枚…16円
- ハム…1枚…27円
- ピザ用チーズ…2つかみ…14円
- 牛乳…120mℓ…24円
- 小麦粉…大さじ2
- 顆粒コンソメ…小さじ1
- バター…小さじ1
- 黒こしょう…2ふり

4

1のパンの上に3の半分をかける。

5

4の上に食パン1枚をのせて具を挟み、一番上に残りの3をかける。

6

オーブントースターにアルミホイルを敷き、その上で5を焦げ目が少しつくまで3〜5分焼き、黒こしょう2ふりをかける。

チーズをまんべんなく散らすには素手が一番！
ワンポイント！
チーズをパン全体に散らすことでどこからでも美味しくチーズを味わえる。

喫茶店の卵サンド

シンプルでありながら広く愛されている卵サンドをご家庭で。

1 鍋に水500㎖を沸騰させ、卵1個を入れて中火で8分茹でる。

2 食パン2枚にバター小さじ1を塗る。ゆで卵の殻を剥き、ボウルに入れて潰す。

3 マヨネーズ大さじ2、からし大さじ1、塩こしょう小さじ1を2の卵に加えて混ぜ合わせ、パンに挟んだら4等分に切る。

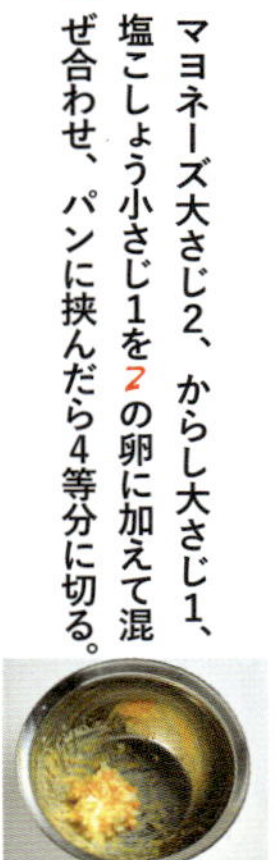

1人分の材料

食パン…2枚…16円
卵…1個…18円
バター…小さじ1
マヨネーズ…大さじ2
からしチューブ…大さじ1
塩こしょう…小さじ1
水…500㎖

34円

Chapter 9

ボリュームたっぷり
1品で満腹！　粉もの

「満腹感」その一点で見れば他の追随を許さないのが粉ものです。

　丼よりもお腹にたまり、麺類よりも満腹感が長時間続き、それでありながら具、トッピングによって味のアレンジも自在。ここに載せた5種類のレシピはいずれもかなりのボリュームを誇るものです。

　トッピングを半分ごとに変える、調味料を加えて風味を変えてみる、具を追加してみる、などのアレンジもしやすいので何度作っても飽きない料理を中心に載せています。

激安もやしお好み焼き

言わずと知れた激安食材
もやしを大胆に使った新食感の激ウマお好み焼き。

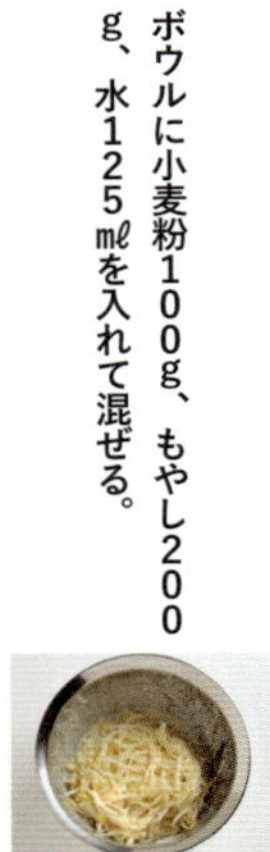

1

ボウルに小麦粉100g、もやし200g、水125㎖を入れて混ぜる。

2

中火で熱したフライパンにサラダ油大さじ1を引いて、1の生地を丸く平らに流し込み、中火で3分30秒ほど焼く。

3

2をひっくり返したら、さらに4～5分焼き、器に盛ってお好みでソースとマヨネーズをかける。

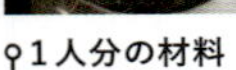

1人分の材料

もやし…200g…17円
小麦粉…100g
水…125㎖
サラダ油…大さじ1
ソース…お好みで
マヨネーズ…お好みで

野菜たっぷりトルティーヤ

ソースのたっぷりかかった野菜を
もちもち生地と一緒にかぶりつこう。

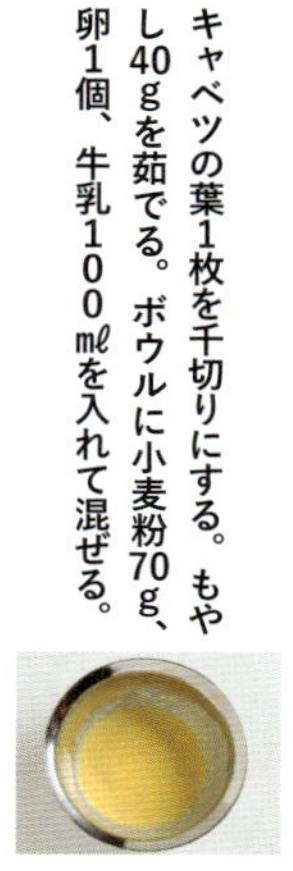

1
キャベツの葉1枚を千切りにする。もやし40gを茹でる。ボウルに小麦粉70g、卵1個、牛乳100㎖を入れて混ぜる。

2
フライパンにサラダ油大さじ1を引いて中火で熱したら、1を流し入れて弱火で2分焼き、ひっくり返して1分焼き、まな板の上に取り出す。

3
1のキャベツともやし、油を切ったツナ20gを2にのせ、お好みでソースとマヨネーズを塗る。生地を丸めてつまようじで固定し、一口大に切る。

1人分の材料

卵…1個…18円
牛乳…100㎖…20円
キャベツの葉…1枚…6円
もやし…40g…4円
ツナ缶…20g…19円
サラダ油…大さじ1
小麦粉…70g
ソース…お好みで
マヨネーズ…お好みで

もちもちトロトロもんじゃ焼き

濃厚な味わい、ベビースターのサクサク食感、トロトロ野菜を一人じめ！

1
ボウルに小麦粉大さじ2、醤油大さじ1、水150㎖、だしの素小さじ1を入れて混ぜる。

2
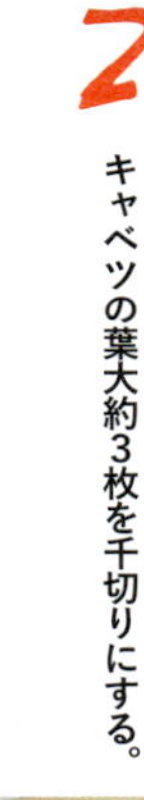
キャベツの葉大約3枚を千切りにする。

3
フライパンにサラダ油大さじ1を引いて中火で熱し、千切りにしたキャベツで土手を作る。

1人分の材料
- ベビースター…1/2袋…24円
- キャベツの葉…大約3枚…18円
- 小麦粉…大さじ2
- 醤油…大さじ1
- だしの素…小さじ1
- 水…150㎖
- サラダ油…大さじ1

4

1の半分とベビースター1／2袋を3の中央に入れ、弱火で3分ほど焼き、グツグツしたら土手のキャベツを崩して混ぜる。

5

フライパンの中身全てでもう一度土手を作り、残りの1を中央に入れ弱火で3分ほど焼く。

6

5がグツグツしてきたら、火を止めて土手を崩して全てを混ぜる。

これの正式名称なんていうんだ……？
ワンポイント！
小さいへらがあるともんじゃを作った時に便利。

フライパンで作る簡単おやき

おやつにも、おかずにも、主食にも！
ボリューム満点、野菜もたっぷりのおやきです。

1
ボウルに小麦粉100g、熱湯50㎖、塩1つまみを入れて手で混ぜこねる。

2
1を丸めてラップをかけ、冷蔵庫で15分寝かせる。

3
ナス1本をみじん切りにし、長ネギ1／2本を小口切りにする。フライパンにごま油大さじ1、ナス、長ネギを入れて中火で2分30秒炒める。

1人分の材料
- 小麦粉…100g
- ナス…1本…30円
- 長ネギ…1/2本…35円
- 熱湯…50㎖
- 水…50㎖
- 塩…1つまみ
- 味噌（お好みの種類）…小さじ2
- ごま油…大さじ2

4

3を弱火にし、味噌小さじ2を加え混ぜ、火を止める。2を3等分にして、2㎜ほどの厚さになるまで手でのばす。

5

4の生地で3の具を包む。

6

フライパンにごま油大さじ1と5を入れて中火で3〜4分焼き、ひっくり返したら水50㎖を加え、蓋をして3〜4分焼く。

蒸気のちからってすげえ。

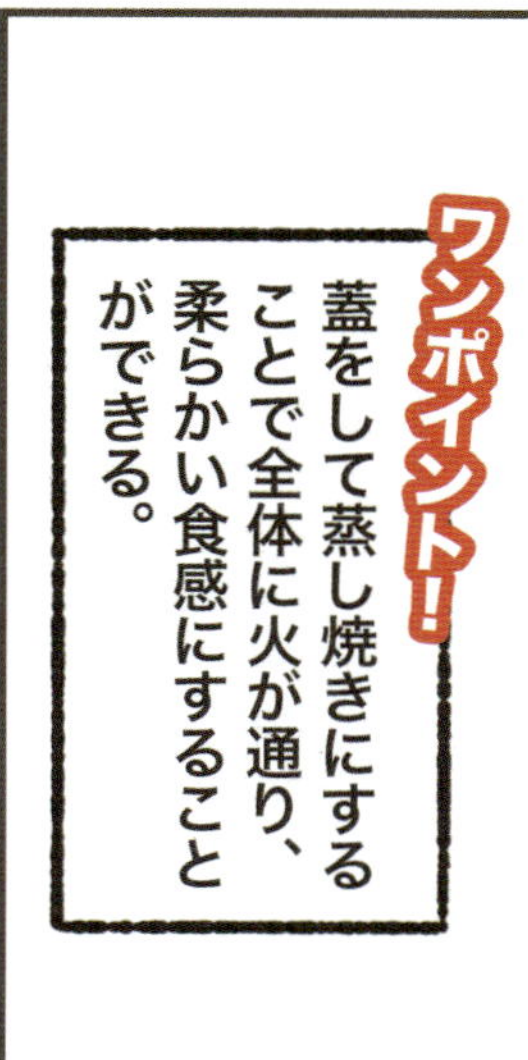

ワンポイント！
蓋をして蒸し焼きにすることで全体に火が通り、柔らかい食感にすることができる。

カレーのお供に！チャパティ

「ナン」のようなものですが、ナンより簡単に作れます。カレーと一緒にぜひ。

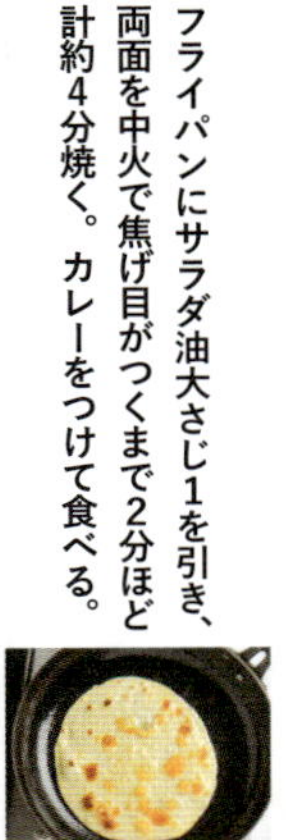

1 ボウルに小麦粉100g、砂糖5g、ぬるま湯50㎖を入れ、手で10分こねる。ラップをして冷蔵庫で20分寝かせる。

2 1を食べたい大きさ（大体2〜3等分）にちぎり、打ち粉をしたまな板と麺棒で生地を5㎜ほどの厚さになるまでのばす。

3 フライパンにサラダ油大さじ1を引き、両面を中火で焦げ目がつくまで2分ほど計約4分焼く。カレーをつけて食べる。

1人分の材料

小麦粉…100g
小麦粉（打ち粉用）…大さじ1〜3
ぬるま湯…50㎖
砂糖…5g
サラダ油…大さじ1

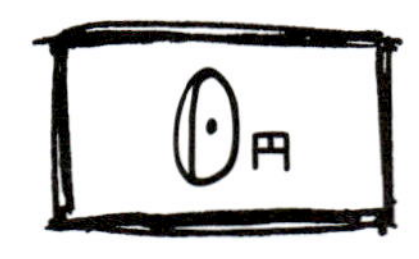

Chapter 10

本格スイーツから
お手軽おやつまでバッチリカバー

お菓子を作るのは簡単です。ですが実際にお菓子を作ろうとしてもうまくいきません。

よくあるレシピではいろいろな必要材料、そして複雑な工程を見て心が折れそうになる上、順番を間違えると失敗したりと他の料理以上の正確さも求められるからです。

そこで本書でのお菓子は「徹底的な簡略化」「使用食材・調味料の厳選」を特に念入りに行いました。

簡単さと美味しさは両立することを証明する、自信の11品です。

本格絶品ガトーショコラ

ブラックチョコレートを使い、上品さとコクを兼ね備えたゴキゲンなガトーショコラです。

304円

1

ケーキの丸型にバター10gをのせ、スプーンで塗り広げる。

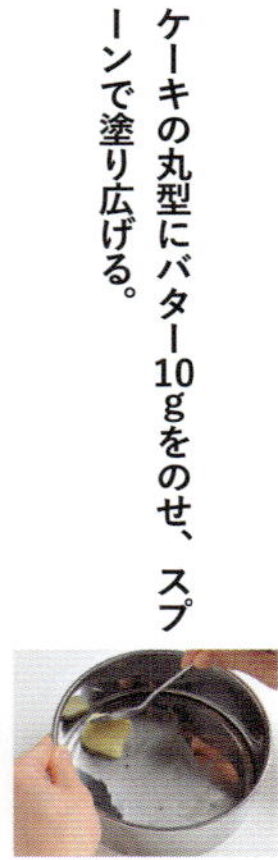

2

ボウルに割ったチョコレート100gとバター30gを入れ、湯煎で溶かしながら菜箸で混ぜる。

3

別のボウルに卵2個を割り入れて、泡立て器でもったりするまで混ぜる。

1台分の材料

ブラックチョコレート
…100g…220円
生クリーム…50㎖
…48円
卵…2個…36円

バター（ケーキ型用）
…10g
バター（生地用）…30g
ココアの粉…大さじ3
小麦粉…30g

4

3に溶かしたチョコと小麦粉30g、ココア大さじ3、生クリーム50㎖を加えて木べらなどで優しくざっくり混ぜ合わせる。

5

1に4を流し込む。

6

170度に予熱したオーブンで30分焼く。竹串をさして、生地が付着しなくなったらできあがり。

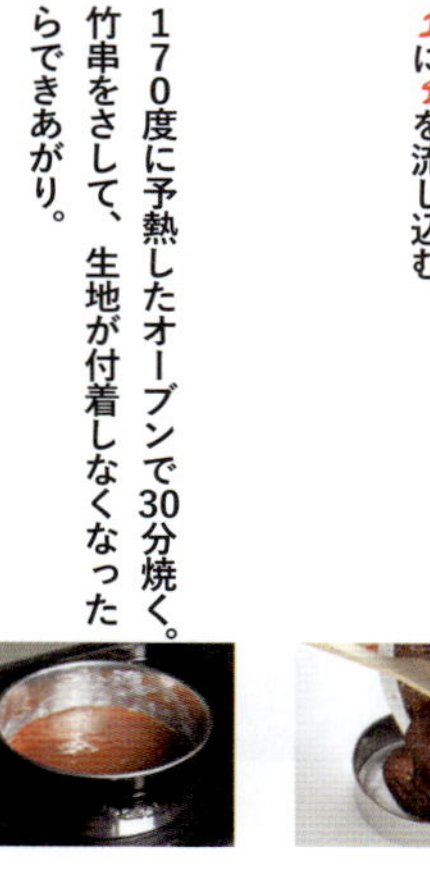

ブラックと言いつつ……
甘い……!?
ブラック チョコ
ワンポイント!
ブラックチョコレートを使うことで、上品な甘さとコクを出すことができる。

超簡単ギリシャヨーグルト

「ほんとにできるの?」というくらい簡単です。
はちみつやジャムと一緒でも旨い。

1 ボウルにザルをのせる。

2 ザルの上にキッチンペーパーをのせ、その上にヨーグルト150gをのせる。

3 そのままキッチンペーパーでくるんで冷蔵庫で半日水気をきる。食べるときにお好みで砂糖を混ぜる。

1人分の材料
プレーンヨーグルト
…150g…49円
砂糖…お好みで

本気の自家製プリン

極限まで「家庭で簡単に作れる」ことにこだわったプリンです。

34円

1

ボウルに牛乳80㎖、卵1個、砂糖大さじ2を入れて混ぜ、裏ごしする。

2

小鍋に砂糖大さじ1、水大さじ1を入れ、強火で1分煮詰めてカラメルソースを作る。耐熱容器にカラメルソース、1の順に入れる。

3

鍋に200㎖の水、2を入れて、中火で2分30秒、弱火にして8分30秒〜12分温める（湯煎する）。火を止めて5分したら冷蔵庫に入れ、半日冷やす。

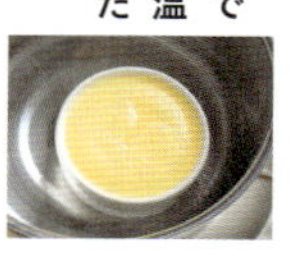

1人分の材料

牛乳…80㎖…16円
卵…1個…18円
砂糖…大さじ3
水…200㎖＋大さじ1

自家製いちごジャム

旬に作りたいいちごジャム。
一度作ればトーストに、ヨーグルトに、お菓子に。

1
いちご160gをそれぞれへたを取って縦半分に切る。耐熱容器に切ったいちご、砂糖100gを入れる。

2
蓋をして電子レンジ（500W）で2分30秒加熱する。

3
2をレンジから出し、蓋を外してよく混ぜたら30分常温で冷ます。

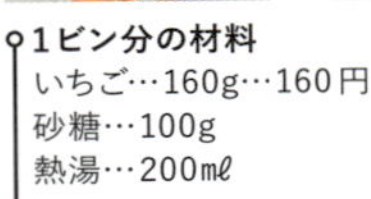

1ビン分の材料
いちご…160g…160円
砂糖…100g
熱湯…200mℓ

4 蓋を外したまま電子レンジ（500W）で2分ほど加熱する。

5 空のビンを熱湯に入れて煮沸消毒する。

6 消毒したビンを取り出して、逆さにして自然乾燥させたら、4のジャムを入れる。

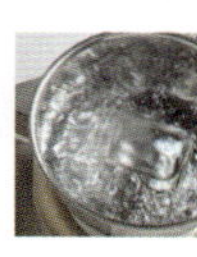

そのまま食べてしまいたいけど我慢。
ワンポイント！
いちごは旬のものを使うと色合いや香りもよくなり、一層美味しくなる。

餃子の皮を使ったおせんべい

餃子の皮をオーブントースターで焼いてパリパリに。
小腹が減った時におすすめ。

1

餃子の皮3枚の片面だけに醤油小さじ1／2を塗る。

2

1をアルミホイルの上に置き、オーブントースターで焦げないように様子を見ながら膨らむまで2～4分加熱する。

3

ひっくり返して反対側も様子を見ながら膨らむまで2～4分加熱する。

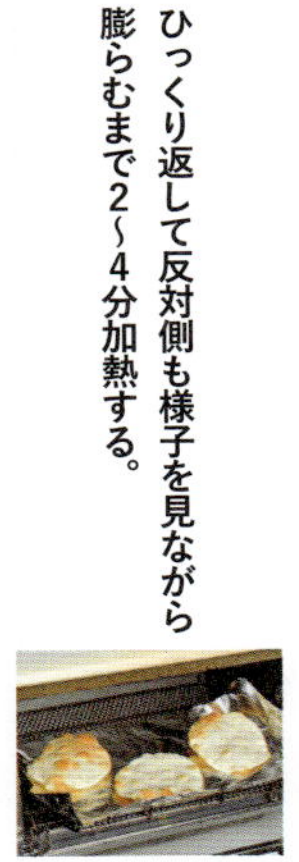

1人分の材料

餃子の皮…3枚…15円
醤油…小さじ1/2

パンの耳で作れるお手軽ラスク

パンの耳、オリーブオイル、砂糖、それだけで完成のサクサク甘くて美味しいラスクです。

1
食パンの耳1枚分をオリーブオイル大さじ2に浸す。

2
砂糖大さじ1をパンの耳全体にまぶし、アルミホイルの上にのせる。

3
オーブントースターで様子を見ながらカリカリになるまで4～7分、焦げないように焼く。

1人分の材料
食パンの耳…1枚分
オリーブオイル…大さじ2
砂糖…大さじ1

濃厚かぼちゃプリン

かぼちゃの優しく、くどくない甘みを存分に味わえるプリンです！

1

ケーキの丸型にスプーンでバター小さじ1を塗り広げる。

2

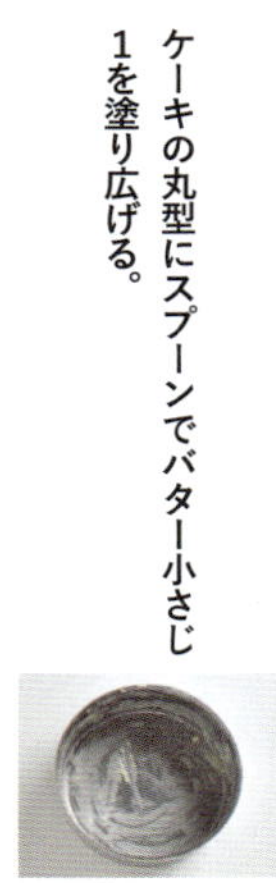

かぼちゃ４００ｇの皮を切り取ったら乱切りにし、電子レンジ（５００Ｗ）で12分加熱する。卵2個を泡立て器で溶き混ぜる。

3

レンジからかぼちゃを出してマッシャーで潰し、砂糖70gと溶き卵を加えてへらで混ぜる。

1台分の材料

かぼちゃ…400g…100円
卵…2個…36円
牛乳…350㎖…70円
砂糖…70g
バター…小さじ1

4

鍋に牛乳350㎖を入れて中火で1分ほどぬるめに温め、3を加えて木べらでなめらかな状態になるまで混ぜる。

5

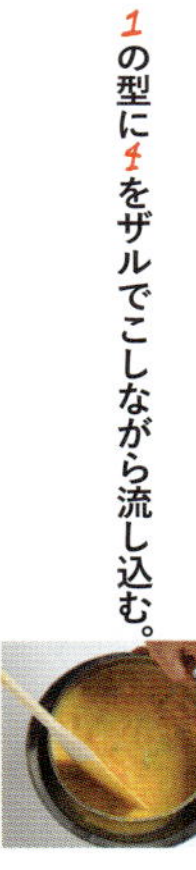

1の型に4をザルでこしながら流し込む。

6

オーブンを180度に予熱して5を入れ、40分焼いたら、取り出して冷蔵庫に入れ、半日冷やす。

裏ごしするのとしないのとではシロクマとグリズリーくらい違う。

ワンポイント！

裏ごしすることで生地がきめ細かくなり、美味しく焼き上がる。

りんごの甘さが絶妙！タルトタタン

何度でもまた食べたくなるりんごの甘みとクセになる食感！　絶対に美味しい！

1

りんごの皮を剥き、スライサーを使って1㎜ほどの厚さに切る。

2

ボウルに卵1個、牛乳150㎖、ホットケーキミックス150gを入れてざっくり（入念にでなく適当に）混ぜる。

3

フライパンにバター30g、砂糖大さじ3を入れて混ぜながら弱火で1分加熱する。

1台分の材料

りんご…1個…100円
卵…1個…18円
ホットケーキミックス
…150g…108円
牛乳…150㎖…30円
バター…30g
砂糖…大さじ3

1のりんごを円を描くように3に敷き詰め、その上に2のタルト生地をのせて2㎝ほどの厚さにのばし、蓋をする。

5

明らかに失敗した見た目になるが、生地が膨らむまで4分ほど弱火のまま冷静に見守る。

6

フライパンにお皿をのせてひっくり返す。

楽をできるところは
楽をする！
ワンポイント！
生地にホットケーキミックスを使うことで、簡単に美味しい仕上がりになる。

甘さ控えめバナナケーキ

しっとりとした食感に優しいバナナの甘み。
しかもお腹までけっこう膨れます。

1

バナナ2本の皮を剥いて原型がなくなるまで潰す。

2

耐熱容器にバター40gを入れ、電子レンジ（500W）で30秒加熱して溶かす。

3

ボウルに溶かしたバター、潰したバナナ、卵2個、砂糖40gを入れて泡立て器でなめらかな状態になるまで混ぜる。

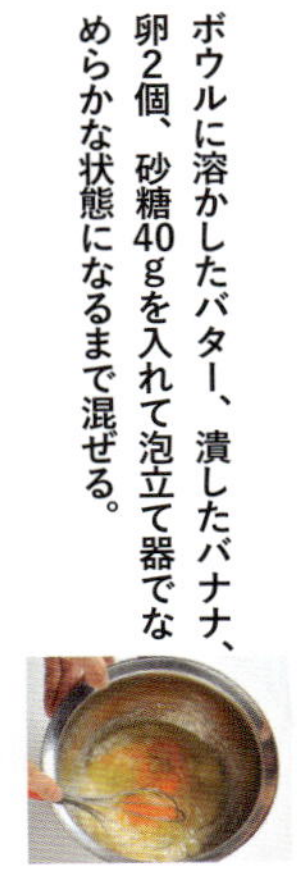

1台分の材料

バナナ…2本…40円
卵…2個…36円
砂糖…40g
小麦粉…130g
ベーキングパウダー…5g
バター…50g

3に小麦粉130gとベーキングパウダー5gを加えてへらで優しく混ぜる。

5

ケーキの丸型にバター10gをスプーンで塗り広げる。

6

5に4の生地を流し込み、予熱した180度のオーブンで40分焼く。竹串を刺して、生地が付着しなくなったらできあがり。

バターを塗り忘れた時は大変だったな……。
ワンポイント！
ケーキの丸型にバターを塗っておくことで、焼き上がったケーキが取り出しやすくなる。

ヘルシーキャロットケーキ

ふわふわの生地とほんのり甘いにんじんがお口に広がります。

1

にんじん1本の皮を剥いてすりおろし、バター大さじ2、砂糖70g、卵2個、小麦粉160gと一緒にボウルに入れ、泡立て器でなめらかな状態になるまで混ぜる。

2

1にベーキングパウダー小さじ1・5を加えて木べらでざっくり混ぜる。

3

ケーキの丸型にバター小さじ2をスプーンで塗り広げ、2を流し込み、予熱した170度のオーブンで50分ほど焼く。竹串を刺して、生地が付着しなくなったらできあがり。

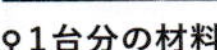

1台分の材料

にんじん…1本…24円
卵…2個…36円
小麦粉…160g
バター…大さじ2
　小さじ2
ベーキングパウダー
　…小さじ1.5
砂糖…70g

安らぎのホットバナナミルク

牛乳、バナナ、砂糖だけで作れます。体が芯から温まりますよ。

1

鍋にバナナ1本、牛乳200㎖、砂糖小さじ1を入れてバナナをスプーンなどでペースト状になるまで潰す。

2

1を中火にかけ、木べらで優しく混ぜながら煮る。

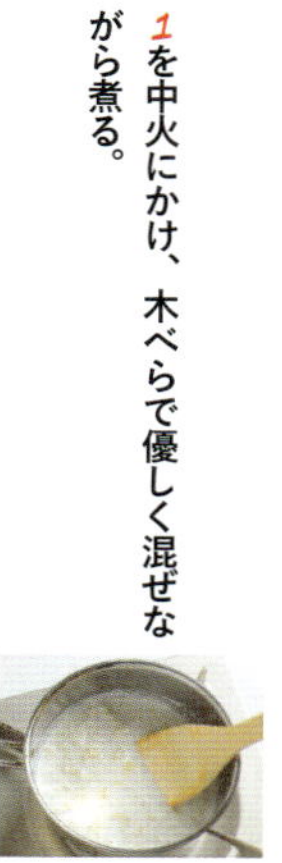

3

2分くらいで泡がボコボコしてくるので火を止める。

1人分の材料

バナナ…1本…20円
牛乳…200㎖…40円
砂糖…小さじ1

はらぺこグリズリーの料理の裏技!!

「市販のタレやソースを使うことは決して悪いことではない。どんどん使って楽をしよう」

料理のし始めの時はどうしてもうまく味付けが出来なかったり、ということもありえます。そんなときはいっそ「〇〇のタレ」「××の素」といった製品を使ってしまうのも全然いいと思います。市販のソースなどで味を付けたことで怒られるわけではありませんし、むしろ有名メーカーの商品開発部の人たち、いわばプロがつくった味です。

プロに最後の味の調整をお願いして美味しい料理ができるのであればそれに越したことはありません。料理に慣れてきて、「こんな味にしたい」「こんな風味を出してみたい」といったチャレンジがしたくなった時、市販品から離れて「自分の味付け」を探し始めるくらいでちょうどいいのではないでしょうか。

Chapter 11

身も心も温まる
スープ、汁もの

美味しい料理ってどんな料理でしょう？　有機栽培にこだわりまくったり、滅多に手に入らない高級な食材を使う料理はそれはもう美味しいことでしょうし、愉快な映画なんかを見ながら笑って食べる料理は最高です。

一人でゆっくりと、まったりとできる美味しい料理とは、温かいスープではないでしょうか。ほっと安心してまた飲みたくなる、お手軽で美味しいスープ、汁ものをここではご紹介します。

田舎風かぼちゃのポタージュ

かぼちゃをたっぷり使った
優しい味わいでほっと一息。

1

玉ねぎ1個をスライスし、かぼちゃ100gの皮を切り取って乱切りにする。玉ねぎとかぼちゃを電子レンジ（500W）で5分加熱する。

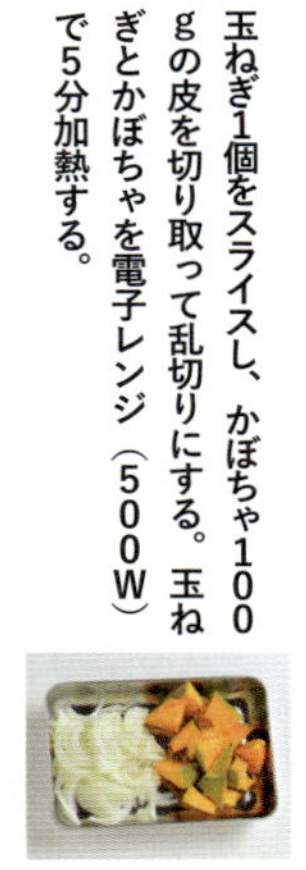

2

鍋に1と水200㎖を入れて中火で5分煮たら、汁ごとミキサーにかけて液状にする。

3

鍋に2を入れ、牛乳100㎖、顆粒コンソメ小さじ1、バター小さじ1、塩こしょう小さじ1を加えて弱火でなめらかな状態になるまで5分ほど煮詰める。

1人分の材料

かぼちゃ…100g…25円
玉ねぎ…1個…24円
牛乳…100㎖…20円
顆粒コンソメ…小さじ1
バター…小さじ1
塩こしょう…小さじ1
水…200㎖

お腹に優しいオニオングラタンスープ

しっとり玉ねぎに加えてとろけたチーズとスープを吸ったパン。1品で満足のスープ。

1

玉ねぎ1／2個を薄切りにし、電子レンジ（500W）で4分加熱する。フライパンにバター大さじ1と玉ねぎを入れ、中火で2分30秒炒める。

2

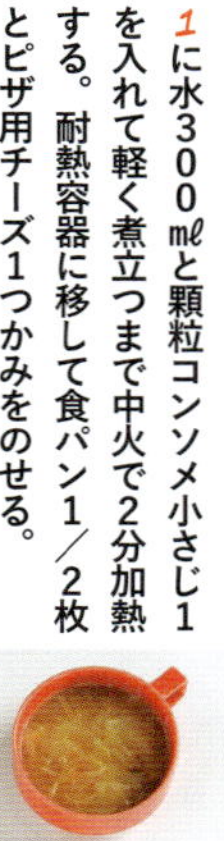

1に水300㎖と顆粒コンソメ小さじ1を入れて軽く煮立つまで中火で2分加熱する。耐熱容器に移して食パン1／2枚とピザ用チーズ1つかみをのせる。

3

2をアルミホイルの上にのせ、オーブントースターでチーズに焦げ目がつくまで5分ほど加熱する。

1人分の材料

- 玉ねぎ…1/2個…12円
- ピザ用チーズ…1つかみ…21円
- 食パン…1/2枚…4円
- 顆粒コンソメ…小さじ1
- 水…300㎖
- バター…大さじ1

トマトジュースで作るミネストローネ

トマトジュースをベースに
コロコロ野菜がたっぷり入ったミネストローネ。

1
玉ねぎ1／2個とにんじん1／3本とじゃがいも1／2個の皮を剥く。

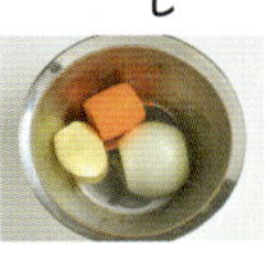

2
1をそれぞれ小さめのブロック状に切る。

3
ベーコン20gも同程度の大きさに切る。

1人分の材料

トマトジュース
…190㎖…85円
玉ねぎ…1/2個…12円
じゃがいも…1/2個…12円
にんじん…1/3本…8円
ベーコン…20g…40円
ケチャップ…大さじ2
顆粒コンソメ…小さじ1/2
水…500㎖

鍋に水500mlと2を入れ、煮立ったらあくを取りながら中火で5〜7分煮る。

5

4に3のベーコン、トマトジュース190ml、顆粒コンソメ小さじ1／2、ケチャップ大さじ2を加える。

6

再び煮立ったらあくを取りながら中火で3〜5分煮る。

美味しい一口にするために大事なことなんだ。
ワンポイント！
具材を小さめに切ることで食材とスープを一緒に味わえる。

栄養満点の具だくさんポトフ

野菜！　野菜！　野菜！
たっぷり野菜をあっさりスープでめしあがれ！

1
じゃがいも2個、にんじん1／2本、玉ねぎ1／2個の皮を剥いて一口大に切り、電子レンジ（500W）で5分加熱する。その間にベーコン20gを一口大に切る。

2
鍋に1、水250㎖、顆粒コンソメ小さじ1を入れて沸騰するまで強火で2～3分煮込む。

3
沸騰したら弱火にして5～6分煮込む。

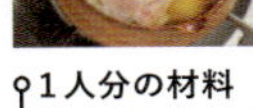

1人分の材料
じゃがいも…2個…48円
玉ねぎ…1/2個…12円
にんじん…1/2本…12円
ベーコン…20g…40円
水…250㎖
顆粒コンソメ…小さじ1

112円

漁師風つみれ汁

シンプルな味付けの汁でいわしのつみれ、柔らかなネギをゆったり味わおう。

1

長ネギ1／2本を斜め切りにする。いわしの開き2枚をみじん切りのように切り刻み、包丁で叩く。容器に片栗粉大さじ1と味噌小さじ1と叩いたいわしを入れて混ぜる。

2

鍋に水200㎖、だしの素小さじ1、醤油小さじ1を入れ、中火で2分ほど煮る。切った長ネギを加え、1のたねをスプーンですくい団子状にして入れていく。

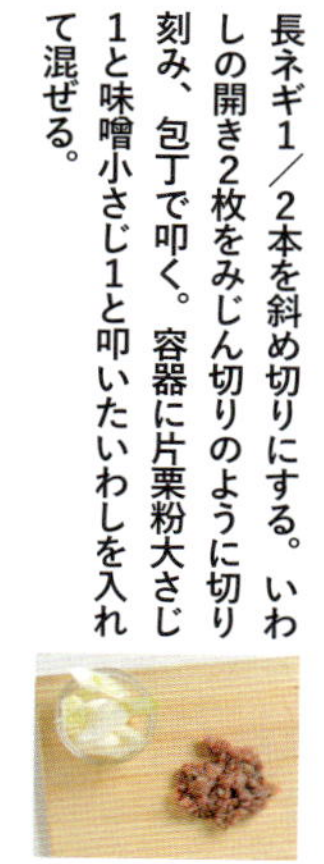

3

つみれに火が通るまで弱火で4分ほど煮る。

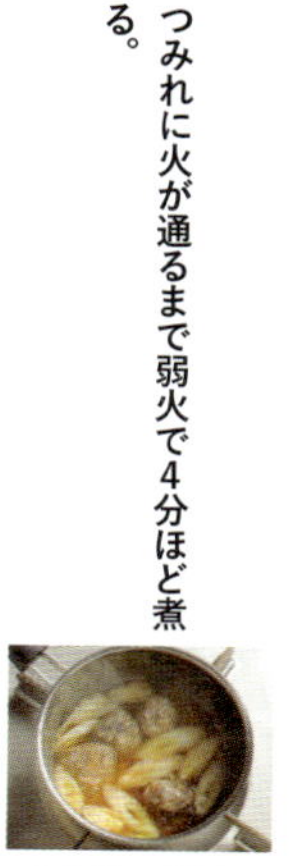

1人分の材料

いわしの開き…2枚…200円
長ネギ…1/2本…35円
味噌（お好みの種類）…小さじ1
片栗粉…大さじ1
醤油…小さじ1
だしの素…小さじ1
水…200㎖

はらぺこグリズリーの料理の裏技!!

「料理なんて適当でOK!みりんはお酒と砂糖で、レモン汁は酢で代用可!」

料理は基本的にこれがないとダメ！　ということはほとんどありません。煮物などに使うみりんはお酒と砂糖で代用できますし、カルパッチョなどに使うレモン汁は酢で代用可能です。もちろんある程度はどうしてもこれがないと作れないという料理はありますが、大抵のものは代用可能です。

あの煮卵ですら、どうしたら美味しく作れるか研究していた時に、醤油を切らしてしまい偶然あった麺つゆを使用したら驚くほど美味しくできてしまったのです。料理をする時は「食材や調味料がない」時こそ、ないなりに「どんな工夫をすれば美味しく作れるんだろう?」と考えるのも料理を楽しむ醍醐味ではないでしょうか。

Chapter 12

全部作っても155円！金欠になった時のお助けレシピ

ここで紹介する３つのレシピは、本書で重要視してきた「安さ、簡単さ、美味しさ」の中から特に安さを追求したものです。代用食材を使ったレシピの終着点、トンカツの代わりに駄菓子を使うカツ丼。

必要材料と調味料を限界まで減らしたことによる本書最安値レシピ候補の一つ、じゃがいもと調味料だけで作るポテトサラダ。

そして味というクオリティを維持しながらも簡単さと安さを維持した釜玉うどん。たった155円で３品全部作れます。

ビッグカツ丼

あの味をもう一度。
思い出のあの駄菓子が今生まれ変わる。

1
卵1個を溶く。フライパンにバター小さじ1を入れて中火で溶かしたら、溶き卵を流し込み、手早くかき混ぜながら半熟になるまで中火で1分30秒ほど焼く。

2
ごはん100gの上に半熟状態の1をのせる。

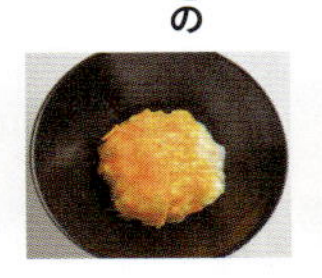

3
卵の上にビッグカツ1枚をのせ、お好みでソースをかける。

1人分の材料
ビッグカツ…1枚…30円
卵…1個…18円
ごはん…100g…33円
ソース…お好みで
バター…小さじ1

激安芋のみポテトサラダ

掟破りのじゃがいもオンリーポテトサラダ。
マヨネーズと塩こしょうで満足の味。

16円

1

じゃがいも2個の皮を剥いて小さく切り、ラップをして電子レンジ（500W）で6分ほど加熱する。

2

加熱したじゃがいもをボウルに移し、マッシャーやスプーンで潰す。

3

好みの潰し具合になったらマヨネーズ大さじ2と塩こしょう3ふりを加えて混ぜる。

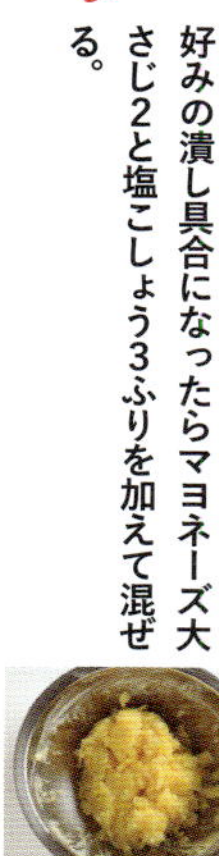

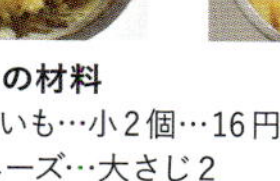

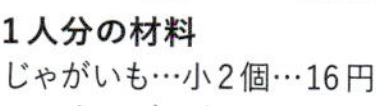

1人分の材料

じゃがいも…小2個…16円
マヨネーズ…大さじ2
塩こしょう…3ふり

5分で完成する激ウマ釜玉うどん

絶妙すぎる「金額、手間、味」のバランス。究極のオールラウンダー。

1

冷凍うどん1玉を電子レンジ（500W）で4分10秒ほど加熱する。その間に丼に生姜チューブ小さじ1、卵1個を入れてかき混ぜる。

2

1の丼にうどんを加え、30秒放置する。

3

2に麺つゆ大さじ2をかけて混ぜ、かつおぶし3つまみと白ごま小さじ1をかける。

1人分の材料

冷凍うどん…1玉…40円
卵…1個…18円
生姜チューブ…小さじ1
麺つゆ（2倍濃縮）…大さじ2
かつおぶし…3つまみ
白ごま…小さじ1

Chapter 13

旨すぎて封印していた ブログ未公開レシピ

ブログ開設以来たくさんの料理を作っては公開させていただいてきました。ですが中にはお蔵入りになったレシピ、完成せず少しずつ開発を続けていたレシピなどブログ上では公開していないものも存在しています。

ここで紹介する３品はその中でも研究に研究を重ねたとっておきの自信作です。

この３品を作っていただいた時、一人で食べる時間がより美味しく、楽しくなれば幸いです。

世界で一番美味しいバターチキンカレーの作り方

自作がいろいろと大変なインドカレーを美味しさそのままに簡単再現。

1

ボウルにヨーグルト150g、カット鶏もも肉150gを入れて冷蔵庫で30分漬ける。

2

玉ねぎ1個をみじん切りにして電子レンジ（500W）で3分加熱する。

3

鍋にバター大さじ1、2の玉ねぎ、鷹の爪1本、にんにくチューブ大さじ1、生姜チューブ大さじ1を入れ、中火で7分炒める。

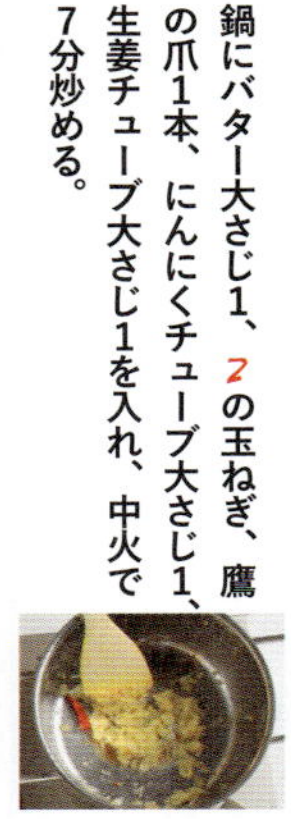

3～4人分の材料

- プレーンヨーグルト…150g…49円
- カット鶏もも肉…150g…120円
- トマトジュース…190mℓ…85円
- 鷹の爪…1本…33円
- 玉ねぎ…1個…24円
- 顆粒コンソメ…小さじ2
- バター…大さじ1
- にんにくチューブ…大さじ1
- 生姜チューブ…大さじ1
- カレー粉…大さじ2
- 水…100mℓ

4

3の鍋にカレー粉大さじ2を加え、弱火にして1分炒める。

5

4にトマトジュース190㎖、水100㎖、1（ヨーグルトごと全部）、顆粒コンソメ小さじ2を加える。

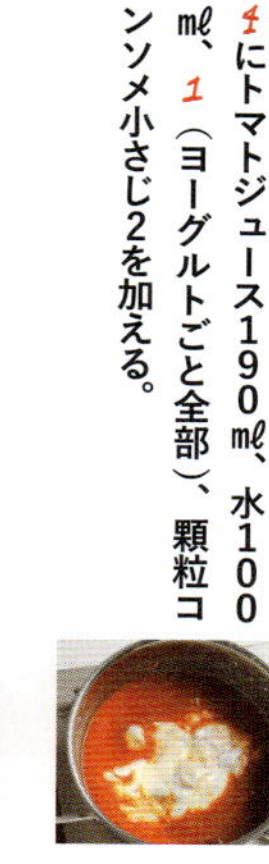

6

蓋をして弱火で40分ほど煮込んだら完成。

この時のヨーグルトは贅沢に使うに限る。

ワンポイント！

ヨーグルトで漬け込むことで、お肉が柔らかくなり臭みも取れ、カレーがまろやかになる。

卵白も、卵黄もどっちも楽しめる全く新しい卵かけごはん。お試しあれ。

1

卵1個を卵黄と卵白に分ける。

2

卵白に醤油大さじ1、みりん小さじ1、だしの素小さじ2を加えて、ふわふわの状態になるまでミキサーにかける。

3

ごはん100gの上に2の卵白、卵黄の順にのせて完成。

1人分の材料
- 卵…1個…18円
- ごはん…100g…33円
- 醤油…大さじ1
- みりん…小さじ1
- だしの素…小さじ2

世界で一番簡単なピザの作り方

最後を締めくくるのは、ピザ！
一人じめでも、みんなでワイワイでも、美味しい！

1

玉ねぎ1／2個はスライスし、ピーマン1個はへたと種を取り除いて輪切りにする。

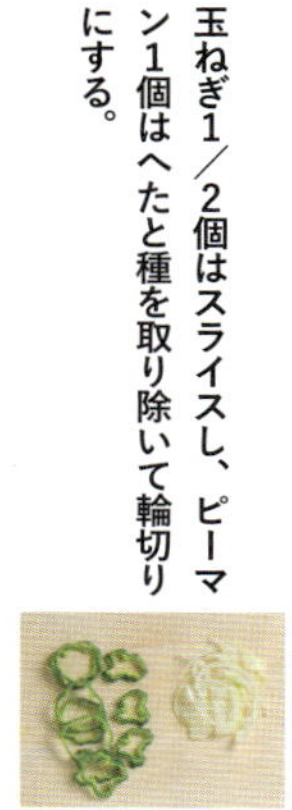

2

ボウルに小麦粉150g、ベーキングパウダー小さじ1、砂糖小さじ1、オリーブオイル大さじ1を入れて、よく混ぜる。

3

水80㎖を強火に15秒ほどかけてぬるま湯にし、2に7分ほどかけて少しずつ注ぎ入れながらボウルの中で手で揉み込み続けて生地を作る。

1人分の材料

玉ねぎ…1/2個…12円
ピーマン…1個…32円
小麦粉（強力粉）…150g
小麦粉（打ち粉用）…大さじ1〜3
ベーキングパウダー…小さじ1
砂糖…小さじ1
水…80㎖
オリーブオイル…大さじ1
ケチャップ…お好みの量
塩こしょう…小さじ1
ピザ用チーズ
…お好みの量

4

クッキングペーパーを敷き、その上に打ち粉用の小麦粉大さじ1～3を薄く広げる。3をのせ、麺棒で生地を5㎜の厚さにのばす。

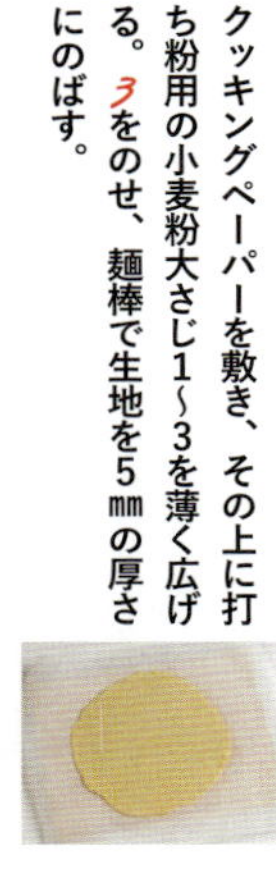

5

クッキングペーパーごとフライパンに入れ、蓋をして弱火で5分焼いたらひっくり返してクッキングペーパーを外す。

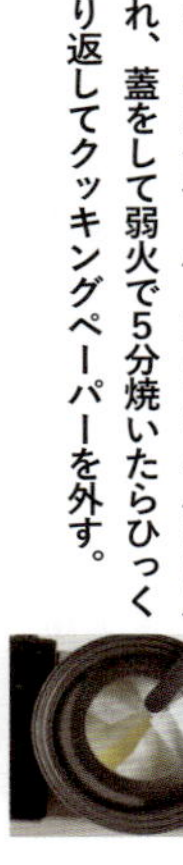

6

お好みの量のケチャップを塗り、ピザ用チーズ、玉ねぎとピーマン、塩こしょう小さじ1を順にのせ、蓋をして弱火で10分ほど焼く。

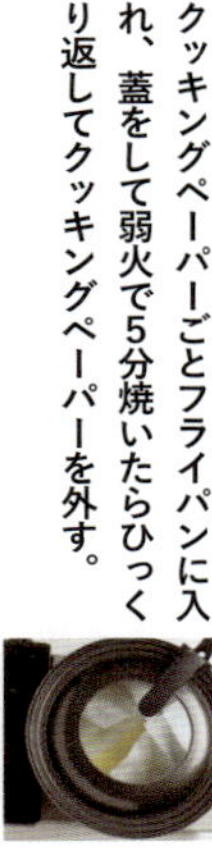

美味しくないはずがない。
ワンポイント！
ケチャップの代わりにチャプター3のトマトソースを使うと、さらに美味しくなる。

はらぺこグリズリー（はらぺこぐりずりー）
手抜き料理研究家／料理ブロガー。ブログ「はらぺこグリズリーの料理ブログ」を運営しながら安くて簡単で美味しい料理を追求。本書のタイトルにもつながった「世界で１番美味しい煮卵の作り方」の記事は、「めざましテレビ」で紹介され、Facebook上でも３万シェアされた。ネットメディアを中心に多方面で活動している。

世界一美味しい煮卵の作り方　家メシ食堂 ひとりぶん100レシピ

2017年２月20日初版１刷発行
2017年７月10日　　９刷発行

著　者 ── はらぐこグリズリー
発行者 ── 田邉浩司
装　幀 ── アラン・チャン
印刷所 ── 近代美術
製本所 ── フォーネット社
発行所 ── 株式会社光文社
東京都文京区音羽1-16-6（〒112-8011）
http://www.kobunsha.com/
電　話 ── 編集部03（5395）8289　書籍販売部03（5395）8116
業務部03（5395）8125
メール ── sinsyo@kobunsha.com

ISBN 978-4-334-03973-8

856
視力を失わない生き方
日本の眼科医療は間違いだらけ
深作秀春
世界のトップ眼科外科医、眼科界のゴッドハンドが語る日本の眼科の真実。眼の治療をめぐる日本の非常識、時代遅れを斬る！　生涯「よく見る」ための最善の治療法、生活術とは。
978-4-334-03959-2

857
売れるキャラクター戦略
〝即死〟〝ゾンビ化〟させない
いとうとしこ
愛されて長生きする、キャラクター成功法則とは？　「コアラのマーチ」のCMなど人気広告の制作、運営に関わってきた第一人者による、失敗しないキャラクター戦略！
978-4-334-03960-8

858
SMAPと平成ニッポン
不安の時代のエンターテインメント
太田省一
「アイドル」を革新しながら活動を続ける国民的グループ・SMAP。「平成」という社会に受け入れられたその意味と背景とは？　今、一番読むべきエンターテインメント論！
978-4-334-03961-5

859
イ・ボミはなぜ強い？
知られざる女王たちの素顔
慎武宏
日本女子ゴルフ界を席巻し、二〇一六年度賞金女王を最後まで争ったイ・ボミ、申ジエら韓国人ゴルファーたち。彼女たちの実像とその人気の秘密を、日韓横断取材で解き明かす。
978-4-334-03962-2

860
教科書一冊で解ける東大日本史
野澤道生
教科書に書かれていないものは出ない。知識ではなく歴史の本質を問う東大入試の日本史を、高校教員が作った独自のチャートを使って解く。受験勉強、社会人の学び直しに最適！
978-4-334-03963-9